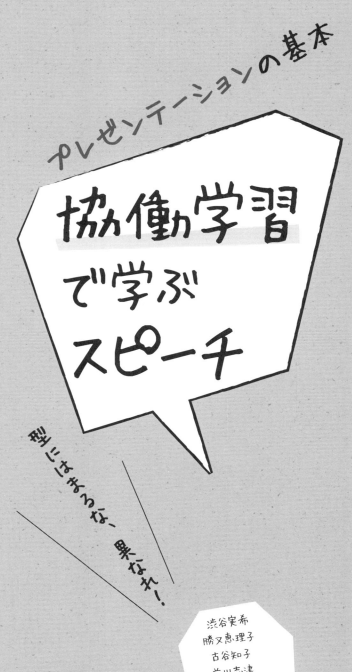

プレゼンテーションの基本

協働学習で学ぶスピーチ

型にはまるな、型になれ！

渋谷実希
勝又恵理子
古谷知子
前川志津
森幸穂
著

にほんごの凡人社

はじめに

　大学生にとって口頭でのコミュニケーション能力は非常に重要です。AO入試を経験したことのある人や、授業でプレゼンテーションやディスカッションを経験したことのある人ならその重要性を実感しているのではないでしょうか。学生の皆さんにとってこの能力がいかに身近であるかは、「コミュニケーション能力＝コミュ力」と略して言われていることからもうかがえます。口頭でのコミュニケーション能力は、大学が皆さんに身につけてほしい能力の1つであり、また、多くの学生の皆さんにとっては伸ばしたい能力の1つと言って間違いないでしょう。

　最近では、すぐれたテキストも数多く存在し、私たちは長い間、それらのテキストを参考にスピーチの授業を担当しながら、皆さんのコミュニケーション能力を磨くお手伝いをしてきました。皆さんのスピーチの上達の速さには何年たっても驚かされます。しかし、その一方で、ある問題も感じていました。それは、皆さんのスピーチが似通ってしまいがちなことです。同じような話題やフレーズがくり返されるのです。私たちは徐々に、そこには皆さんの「何を話したらよいのかわからない」という悩みが影響しているのではないかと考えるようになりました。例えば、自己紹介で何を言えばいいのかわからなかったり、社会問題について意見を言うときには、どのような問題を取り上げればいいのか途方にくれてしまったり……。

　ところが、「話すことがある」を前提に書かれたテキストには、どのように伝えればよいのかについては詳しい説明があるものの、「何を話すのか」を決定するプロセスについてはほとんど書かれていません。私たちは、試行錯誤しながら、皆さんの「何を話せばいいのかわからない」という悩みに応じてきました。そのうちに、この悩みの裏にはいろいろな問題があることがわかってきました。「自分で自分の興味や考えがわからない」という自分を省みた問題もあれば、「こんなことを話してヘンに思われたらどうしよう」という聞き手への不安もあります。「このテーマははたしてスピーチにふさわしいのだろうか」「みんなが興味を持ってくれるだろうか」など、いくつもの疑問にぶつかっていることもわかりました。その結果、「とりあえず無難」なスピーチが多くなってしまうのではないでしょうか。

　本書は、この「何を話したらよいのかわからない」という困難に「発見」をキーワードに取り組むことを目的に書かれました。自分の興味や考え、相手の興味や、話しても大丈夫な境界などを「発見」してほしい。そして、スピーチの幅を広げ、「型にはまったスピーチ」から脱却してほしいと思います。

　そのためには「協働学習」が有効です。協働学習とは、教師が教える授業内容を、学生の皆さんが相互に協力し合いながら学んでいく授業スタイルのことです。本書には、さまざまなアクティビティが収められていますが、それらのアクティビティをクラスメートと協力しながら行うことで、話し手としての自分、聞き手であるクラスメートに関するさまざまな「発見」に出会うことでしょう。また、アクティビティ中のクラスメートとのやり取り自体が口頭でのコミュニケーション能力を鍛える絶好の機会でもあります。本書『協働学習で学ぶスピーチ』が皆さんのコミュニケーション能力を高める一助となることを願っています。

　本書を執筆するにあたって、実際に授業を受けた学生の皆さんの感想や意見は大変参考になりました。授業での皆さんとのコミュニケーションは、私たちにとっても、とても大切なものです。そして、アイデアはたくさん出るものの、目的地がわからず右往左往する私たちをやさしく導いてくださった凡人社の大橋由希さんには心からの感謝を申し上げます。最後に、私たちのイメージ通りの素敵なイラストを描いてくださった松永みなみさん、本当にありがとうございました。

著者一同

もくじ

はじめに　i
本書の特長　iii
本書の構成　iv
Part 2 の構成と使い方　v

Part 1　1

Chapter 1.　聴衆分析と話題選び　3
コラム①　相手を知って戦略を練る　8
コラム②　仲間と学ぶことによる効果　10

Chapter 2.　話し手の心得　11
コラム③　非合理的な思い込み　16

Chapter 3.　聞き手の役割　17
コラム④　相互評価の大切さ　20

Part 2　21

Chapter 1.　スウジコショウカイ　[テーマ：自分のオリジナリティ]　23
コラム⑤　自己紹介って？　30

Chapter 2.　食べたいなぁ〜、あのお昼ご飯　[テーマ：説明力・伝える力]　31
コラム⑥　話し手と聞き手の文化の違いを考えてスピーチしよう！　40

Chapter 3.　しくじった！　失敗から学ぶ教訓　[テーマ：伝える力・内容の価値]　41
コラム⑦　その話し方じゃ、もったいない！　50

Chapter 4.　ほりほり情報探索！　[テーマ：内容の深化・語彙力]　51
コラム⑧　くどい？　詳しい？　62

Chapter 5.　愛されるつっこみ　質疑応答　[テーマ：質疑応答の力]　63
コラム⑨　質疑応答のコツ！　70

Chapter 6.　責任を持って自慢しちゃいます！　[テーマ：責任を伴った発信力]　71
コラム⑩　あなたの学びは社会とつながっている　81
コラム⑪　フリーライダーになるな！　82

付録 1. ペチャクチャ質問集　83

付録 2. スピーチクラス「発表者・聞き手あるある」　101

［別冊］自己評価シート

本書の特長

● 1人で抱え込む個人学習は……

● **協働学習ならガッチリ効率がいい！**

（コラム②⑩⑪も参照）

本書の構成

このテキストでは、同じクラスの仲間とのワークや話し合いを通して、表現する力、コミュニケーションの力、考える力などを養っていきます。テキストの構成は以下のとおりです。

Part 1

スピーチをする心構えや知っておくとよいことなどを学ぶパートです。スピーチにおけるコミュニケーションを成立させるための3つのポイント「聴衆分析と話題選び」「話し手の心得」「聞き手の役割」について学びながら、Part 2で実際にスピーチをするための準備をします。

Part 2

実際にスピーチの内容を考え、クラスメートの前で話します。各章に設定された学習目的を意識しながら、スピーチの準備を進めていきます。クラスメートと協働で行うワークや対話を通して、自分やクラスメート、モノについて発見をすることを重視しています。

● 付録1. ペチャクチャ質問集

みんなで話すためのトピックリストです。ウォーミングアップの際などに使えます。日本人学生と留学生が使えるようにバラエティー豊かな質問が揃っています。クラスメートにどんどん質問して、お互いのことをもっと知りましょう。自分を表現し、相手の話を聞くことは、スピーチの準備にもなります。

● 付録2. スピーチクラス「発表者・聞き手あるある」

スピーチやプレゼンテーションをするときに気をつけたい癖のリストです。また、クラスメートの発表を聞くときの癖も載せています。ちょっとユーモアのある呼び方をしながら、自分の「発表するときの癖」と「聞くときの癖」に気づき、直してみましょう。

● 別冊「自己評価シート」

自分のスピーチを振り返り、先生からコメントをもらうためのシートがついています。「①話し方の自己評価」と「②内容の自己評価」の2種類のシートがあります。自分が発表している動画を見て、自己評価を記入します。

●無料ダウンロード『活動のヒント集』（教師用参考資料）

授業の進め方の例や留意点をまとめたヒント集です。アイスブレイクのためのアクティビティの例もあります。下記よりダウンロードしてお使いください。

http://www.bonjinsha.com/wp/speech

Part 2 の構成と使い方

　各章は、基本的に、①その章の目的、②ウォーミングアップ、③個人やグループでのワーク、④スピーチまたはプレゼンテーションの準備、⑤発表、⑥コラムからなっています。

　まず①の目的を見て、何をめざして頑張ればよいか確認しましょう。

このスピーチを学ぶことで身につく力やその力が役立つ場面を紹介しています。

　②のウォーミングアップでは、そのユニットで身につけたいスピーチの力を、アクティビティなどを使って練習していきます。グループワークを楽しく円滑にするための準備としての役割もあります。

　③では、ワークシートやグループメンバーとの話し合いを通して、スピーチの内容を決めたり、確認したり、深めたりします。自分1人ではなく、仲間と協力し合うことで進めます。

この活動で使うシートを示しています。

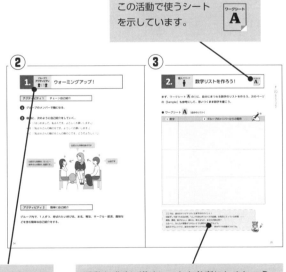

活動・作業には、次のようなものがあります。

活動を成功に導くヒントを参考にしましょう。

チューターのチーター君　　パンダ先生

④で発表のアウトラインを決めます。そして、そのユニットの目的が達成できるように練習します。

⑤はいよいよ本番です。クラスメートの前で発表しましょう。ここでは自分の発表の動画を撮り、後で確認できるようにします。また、聞き手は発表について評価をします。

アウトラインシートです。
構成に沿って、話すことをメモしましょう。

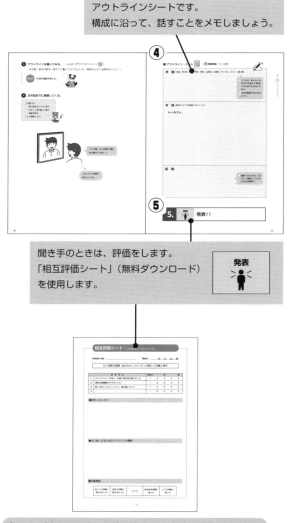

聞き手のときは、評価をします。
「相互評価シート」（無料ダウンロード）
を使用します。

振り返りには、「自己評価シート」（別冊）
を使用します。

http://www.bonjinsha.com/wp/speech

⑥コラムには、各章を通して学んでほしいことや、心に留めてほしいことなどが書いてあります。これからの学びのヒントにしてください。

Part 1

　スピーチは話し手と聞き手の間のコミュニケーションです。しかしながら、このことは話し手にも聞き手にもあまり意識されていません。コミュニケーションに失敗すると、スピーチは失敗してしまいます。逆に、重要な点をおさえたコミュニケーションがとれれば、スピーチは成功しやすくなるのです。

　Part 1 では、スピーチを成功に導くコミュニケーションのための3つのポイント、

　　① 聞き手を無視した、ひとりよがりのスピーチにならないための「聴衆分析と話題選び」
　　② せっかく準備した内容を口頭で効果的に伝えられる話し手になるための「話し手の心得」
　　③ 実はスピーチの成功の鍵を握っている「聞き手の役割」

について学びます。

Chapter 1. 聴衆分析と話題選び

スピーチを準備する際、何について話すか話題を決める前に、真っ先に考えるべきは「聞き手はどんな人か」です。聞き手の傾向を知り、対策を練ることを「聴衆分析」といいます。なぜ聴衆分析が必要なのか？ 聴衆分析によってどんなことを知るべきか？ それがどう役立つのか？ 考えていきます。

❶ もしも自分の聞き手が〇〇だったら……

　想像してみてください。初対面で自己紹介する相手が、来日して間もない留学生の場合、一回り年上の社会人学生の場合、塾講師のアルバイト先の学生の場合、同い年の帰国子女の場合、就職の面接官の場合、結婚式でのスピーチの場合、自分好みのタイプの人の場合、……あなたはどんな自己紹介をしていますか？ 誰に対しても、同じような内容、同じような話し方で自己紹介をしているでしょうか？ いいえ、きっとあなたは、相手に合わせて話す話題を選んだり、話し方を変えたり調整したりしているはずです。つまり、無意識に「聴衆分析」を行っているはずなのです。この「聴衆分析」を意識的に行い、スピーチに活用しましょう。

なるほど。
じゃあ、どうやればいいのかな？

❷ 聞き手を知れば何を話すべきか見えてくる！

　スピーチの評価は聞き手が決めるということを覚えておきましょう。誰を相手に話すのかを深く考えずにスピーチしてしまうと、ひとりよがりで残念なものになってしまいます。事前に誰を相手に話すのかがわかれば、聞き手に合った話題はどんなものか、話の幅をどれぐらい広げられるか、どこまで深く掘り下げられるか、また、どんな言葉や具体例を選ぶといいか、おおよその見当がつきます。聞き手によって、話題自体を変える必要もあれば、話題は同じでも、補足情報を加えたり、聞き手に身近な言葉に置き換える必要もあるのです。スピーチの明暗を分ける聴衆分析には、次のようなものが挙げられます。話題の内容を決める際は、これらの項目を自問自答してみてください。

3

聴衆分析の観点

<聞き手の属性>

母語・理解できる言語、
年齢、職業、出身地　など

<聞き手の予備知識>

知識の程度（専門用語の理解度）、
受容態度（賛成・反対・中立）、
経験値（先入観）　など

<聞き手の関心>

聞き手のモチベーションのレベル、
判断基準や価値観、期待や望み、
聞き手のタブー（不快に思うこと）　など

フムフム、事前にアンケートをとるのが理想だね。
難しいときは、クラスのグループワークをフル活用して
聞き手に話題について質問するといいね！

❸ 話し手は、聞き手と話題をつなげるマッチメーカー

　聴衆分析を図式化すると、「話し手」と「聞き手」と「話題」の三角関係が見えてきます。目の前の聞き手に応じて効果的なスピーチをするために、準備の際はこの三角関係を意識しましょう。そしてこの三角形をできるだけ小さくする努力をしましょう。

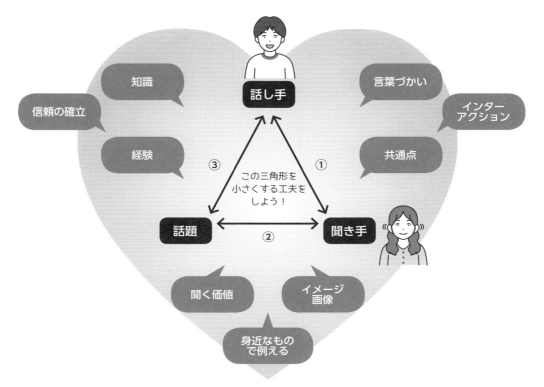

（荒木晶子他（2013）『伝わるスピーチ A to Z　口語表現ワークブック』p.36 実教出版をもとに作成）

① 話し手と聞き手
　スピーチをするとき、話し手と聞き手の間にあるさまざまな違いに気づき、話し手はその差を縮める工夫をしましょう。聞き手に合った具体例や言葉を選択する、聞き手との共通点を示す、聞き手を巻き込む演出を取り入れるなどして、話し手と聞き手の距離を縮めるようにしましょう。

② 聞き手と話題
　話題に対する聞き手の理解度や関心の強さによって、話し手が話すべき内容は大きく変わります。この分析を怠ると、聞き手の関心はすぐ離れていきます。そこで、聞き手にとってなじみがない／薄い話題を取り上げる場合には、聞き手がイメージしやすい具体例などを入れて、聞き手の理解を助けるようにしましょう。また、聞き手に「この話は聞く価値がある」と思わせることが重要です。

③ **話題と話し手**
　目の前の話し手の実体験に基づいた話は、遠い誰かの話よりも聞き手を惹きつけるものです。また、にわかファンより、熱烈なファンの情報には信頼が持てます。話し手は、話題に対する知識や経験をなるべく増やし、聞き手の知識関心レベルに合った確かな情報を提供する努力をしましょう。話題への知識や関心が高いほど、話し手は自信を持って話すことができますし、聞き手は信頼してその情報を聞くことができます。

タスク　考えてみよう（1）

大学のクラスという場で、初対面の人に自己紹介スピーチをするなら、次の3つのうち、どれがいいと思う？　それはどうして？

A　皆さん、はじめまして。A大学1年の尾崎かなたです。経済学部です。高校時代はサッカー部でした。大学でもサッカーサークルに入ろうと思ってます。よろしくお願いします。

B　皆さん、はじめまして。B大学1年の田中キザ男です。え？　キザ男？　と思ったかもしれません。実はこれ、反対から読んだ名前で、本当は尾崎かなたといいます。性格は全然キザじゃありません。小学校からずっとサッカーをしていて、大学でもサークルに入ろうと思ってます。よろしくお願いします。

C　どうも〜。C大学1年の尾崎かなたっす。サッカーずっとやってて、マジ、プロになろうかなとか思ったりもしたんすけど、去年ちょっと足痛めちゃったんですよね。まあそれでも、けっこう動けるし、サッカーやる時間が欲しかったから大学入ったって感じです。ってことで、みんな、よろしく〜。

タスク 考えてみよう（2）

スピーチの話題や内容を選ぶとき、大切だと思うのはどれ？　この他にも大切だと思うことがあれば書いてみよう。□ に ✓ を入れ、例や理由を書こう。

内容	例や理由
□　聞き手は誰か	
□　話す目的は何か	
□　どんな場・雰囲気か	
□　持ち時間はどのくらいか	
□　○○らしい内容か（例：大学生）	
□　印象に残りそうか	
□　オリジナリティがあるか	
□　聞き手の関心に合った話題か	
□　聞き手に合った言葉を使っているか	
□　自慢になりすぎていないか	
□　自虐的になりすぎていないか	
□　ユーモアや笑いがあるか	
□　誰かを傷つけたりバカにする内容ではないか	
□	
□	
□	
□	
□	
□	
□	

コラム①
相手を知って戦略を練る

　社会のグローバル化に伴い、人々の価値観や生活スタイルの多様化が進み、私たちのコミュニケーションのあり方にも多様性が求められるようになりました。それはすなわち、今まで以上にさまざまな聞き手がいることを意識した上で責任をもった発言をすることが求められる、ということでもあります。家族や友人、趣味や嗜好が似た者どうしの会話とは大きく異なり、公の場で一方通行で話すスピーチでは、聞き手を知ることは、聞き手の多様性に対応し、スピーチの目的を達成するうえでより重要になります。

　聴衆分析が十分でなかったばかりに残念なスピーチになってしまった例として、ある女子学生が「おススメのつけまつげ」について紹介したことがありました。良質なつけまつげの選び方、使い方、その魅力について紹介したのですが、聞き手の8割を占める男子学生からは、「女子向きの情報だった」というコメントが多く寄せられたのです。聞き手は「話題が自分に関係がない」と思ってしまうと、聞く価値を見いだせず、置いてきぼりにされたような感覚に陥ります。話し手は準備段階で聴衆分析をしっかりしておけば、話題を変えないまでも、実は男性用のつけまつげが日本でも売られていることや、合コン・就活・商談などで使用されている事実を盛り込んで、聞き手全員をつなぎとめることは可能でした。

また、戦闘機マニアのある学生は、日本の航空自衛隊の持つ軍事力の高さを取り上げ、我々国民の生活が空からどのように守られているか、を紹介しました。この学生のスピーチは、内容が整理されていて、戦闘機の写真の準備があり、「え〜と」「あの〜」のような言いよどみが一切ない完璧なスピーチだったのですが、あまりの専門知識の高さと専門用語の多さに、教員の私も含め、聞き手全員がキョトンとしてしまう事態に。前者の「つけまつげ」とは違い、聞き手全員が聞く価値を見いだせた点までは良いのですが、聞き手の理解度をもっと考慮していれば、話し方や言葉選びは自ずと変わっていたはずです。

　聴衆分析は、聴衆を見てすぐできる項目もありますが、その多くは見た目だけではわかりえない部分が占めているので、アンケートをとってみたり、何人かにインタビューをしてみたりして、できる限り聞き手の情報を収集しましょう。そのため、この本では聴衆分析の機会ともなるペアワークやグループワークをたくさん用意しています。スピーチの準備で行う協働学習の活動を通して、ぜひこの聴衆分析をしっかり行ってください。聞き手は自分の話題についてどれだけの関心や理解があるのか、どんな考えを持っているのか、事前に知っておいて損はありません。そして、あなたがスピーチを聞くときも、聴衆分析の延長として、自分の聞き手の傾向をつかむためにしっかり耳を傾け、次の発表で活かすと良いでしょう。

　相手を知って戦略を練れば、話す内容が見えてくる——。聴衆分析を無視してスピーチは成り立たないと言っても過言ではありません。

コラム②
仲間と学ぶことによる効果

　このテキストでは、同じクラスの仲間とのアクティビティや話し合いを通して、表現する力、コミュニケーションの力、考える力などを養っていきます。クラスメートを頼り、かつ同時に助けることで進んでいきます。このような「仲間との相互作用による学び」を"協働学習"または"ピア・ラーニング"といいます。池田・舘岡（2007）では、仲間と学ぶことによるメリットとして、次の3つの観点を挙げています。

①リソースの増大

　仲間と協働することで、「より豊かなリソースをもつことができ、限られた時間内で利用可能なリソースが増える」ということです。普段の授業では知識は教師から学生へ一方向に流れていきますが、協働学習では学生それぞれが情報源となり、力を発揮する「互恵的」な関係になります。さらに、背景を共有している学生同士だからこそ、言いやすいことがあったり、わかりやすく教え合ったりすることができるのです。

②相互作用による理解深化

　「仲間との対話は、互いの理解を深めたり、考え方を変容させたり、また、新しいものを生み出したりする可能性」があります。好きなものが同じであっても、それぞれ違う視点や考え方を持っています。そこでの対話を通して、新しいことを学んだり、自分の考えを捉え直したり、他者に伝わるように話し方を工夫したりします。自分自身を知るためにも、仲間との対話は重要なのです。

②情意面からみたメリット

　仲間の発言にうなずいたり、発話を促したりする協働学習の環境は、他者との社会的関係を築く学びにもつながるといわれています。仲間に新しいことを教えたり、仲間から認められたりすると、やはりやる気につながりますよね。つまり、「学習の動機づけとしても大きな意義」があるのです。そして、我々は仲間と協力して、ある目標に向かうことで、大きな達成感が得られます。このように仲間との協働学習は、気持ちの上でもメリットがあるのです。

参考：池田玲子・舘岡洋子（2007）『ピア・ラーニング入門 ―創造的な学びのデザインのために―』ひつじ書房

Chapter 2. 話し手の心得

同じ内容のスピーチでも、話し手の「心得」次第で伝わり方は変わります。効果的に伝えるためには、単に「何を言うか」を用意するだけでなく、気持ちを整え、言葉を準備し、リハーサルをすることが重要です。

❶ 気持ちの準備をしよう！

　あなたは「スピーチの練習をする」と聞いてどのような気持ちがしますか？　「スピーチは得意！」「楽しそう！」というワクワクした気持ちでしょうか？　それとも、「スピーチは苦手……」「人前に出るのは好きじゃない……」というブルーな気持ちでしょうか？　実は、スピーチが成功するかどうかには、「何を、どう話すのか」というのと同じくらい「積極的な気持ちで臨めるかどうか」が影響します。消極的な気持ちだと、その分、スピーチは余計に難しくなってしまいます。

　「そんなこと言ったって、嫌なものは嫌だし、そう思ってしまうのはしかたがない」という人もいるでしょう。そんな人は、なぜ「嫌」なのか、理由を考えてみてください。「うまく話せない」からでしょうか？　それとも、「失敗がこわい」からでしょうか？

タスク　考えてみよう（1）

次の①〜④について、まずは1人で考えてみよう。そのあと、グループで話そう。

① 緊張した経験を思い出してみよう。

② なぜ緊張してしまったのか考えてみよう。

③ 緊張を克服するために試してみたことはある？　それは効果があった？　それともなかった？　効果があった／なかったのはなぜか、考えてみよう。

④ スピーチをするとき、緊張しないために、事前にどんなことをすればいいと思う？

❷ 言葉を準備しよう！

　気持ちの準備ができたら、いよいよスピーチの要である「言葉」の準備にとりかかります。スピーチの準備というと、原稿を書くことだと思っている人もいます。でも、原稿はスピーチにとってメリットにもデメリットにもなります。あえて原稿を書かないほうがうまくいくこともあるのです。

タスク　考えてみよう（2）

　次の①〜③について、まずは1人で考えてみよう。そのあと、グループで話そう。

> ① あなたはスピーチをする前に、どのような準備をする？
> 　　　A．完璧な文章で原稿をつくる。
> 　　　B．原稿はつくらずに、要点だけをメモする。
>
> ② Aの方法のメリットとデメリットを考えてみよう。
>
>
>
> ③ Bの方法のメリットとデメリットを考えてみよう。

❸ リハーサルをして時間の感覚をつかもう！

　与えられた時間でもっとも効果的なコミュニケーションをすることがスピーチの成否につながるということはあまり意識されていません。聞き手が内容を理解しやすいスピードはどのくらいか、そのスピードで1分間にどのくらいの内容を伝えられるのか、反対に、用意した内容を伝えるのに必要な時間はどのくらいか……。実際に声を出してリハーサルをすることで、これらの感覚をつかむことができます。

> 本番のスピーチ直前まで原稿を書いている人がいるけど、そのような人はたいてい時間をオーバーしているよ。最後のほうは早口で慌ただしくなり、聞き手もハラハラして内容に集中できないことに……。これでは内容が効果的に伝わらないよ。

タスク リハーサル（1）

「A：原稿」と「B：構成メモ」を使って、本番のつもりでリハーサルをしてみよう。

---

① ペアをつくる。

② はじめに、1人が「A：原稿」を使ってリハーサルをする。

③ 聞き手は、良かった点、改善したほうがよい点をフィードバックする。

④ もう1人の人は、「B：構成メモ」を使ってリハーサルをする。（あらかじめ
「A：原稿」を読んで内容を把握しておく。完璧に文章を覚える必要はない。
メモを見ながら自由に話そう。）

⑤ 聞き手は、良かった点、改善したほうがよい点をフィードバックする。

⑥ スピーチをする前の準備について気づいた点は何？　クラスで共有しよう。

【A：原稿】

皆さん、こんにちは。○○（氏名）です。今日は、バスツアーの魅
力について皆さんにお話ししたいと思います。バスツアーの魅力は
たくさんありますが、今日は3点に絞ってご紹介します。1点目は、
添乗員さんが持つ情報量の多さです。有名な観光地の知識はもちろ
ん、きれいなトイレがある場所も教えてくれるので安心です。2点
目は移動が楽なことです。バスや電車を待つ必要はないし、知らな
い道を確認しながらレンタカーを運転する必要もありません。3点
目はトラブルが発生したときの対処です。先日、北海道のツアーに
参加したときは、台風にみまわれたのですが、できるだけ観光を楽
しめるように、添乗員さんが安全を確認しながら臨機応変にコース
を変更してくれました。

【B：構成メモ】

```
1  あいさつ・名前・テーマ紹介
2  バスツアーの3つの魅力
     (1) 添乗員さんの情報量の多さ
          ・観光地の知識
          ・きれいなトイレ
     (2) 移動が楽
          ・電車・バスの待ち時間なし
          ・レンタカーの不便さ
     (3) トラブルの対処
          ・台風
```

> リハーサルでは時間配分を確認しよう。原稿を目で読むスピードは、実際に声に出して話すスピードより速いもの。つまり、目で原稿を読んでちょうどいい場合は、実際には制限時間をオーバーするということだから、情報量を調節しよう！

❹ スピーチの話し方について考えよう！

　原稿を書くことが準備だと思っている人は、スピーチでは「何を伝えるか（What）」だけでなく「どう伝えるか（How）」も同じように重要であると意識していないのかもしれません。コミュニケーションは声に出された言葉（言語）と声に出されない言葉（非言語）の両方を使って行われます。非言語には目線、姿勢、服装、声の高さ、話すスピードなどが含まれます。非言語を活用したコミュニケーションをすることで、スピーチの内容を効果的に聞き手に伝えることができます。逆に、非言語コミュニケーションがうまくいかないと、せっかく時間をかけて用意した内容の重要性や魅力が損なわれてしまいます。

タスク　考えてみよう（3）

どのような話し方だと聞きたくなるだろうか。**声の大きさ、表情、目線**などの項目ごとに特徴をできるだけ挙げてみよう。

❺ 構成メモを使ったスピーチに慣れよう！

　スピーチに苦手意識がある人は、原稿を用意したほうが失敗のリスクが少ないと感じ、安心して本番に臨めるかもしれません。しかし、すらすらと原稿を読み上げれば、そのスピーチは「成功」したと言えるのでしょうか。読み上げられた「言葉」を効果的に聞き手に届けることができなければ、スピーチは失敗です。

　原稿にはメリットもデメリットもありますが、最大のデメリットは、やはり非言語コミュニケーションがおろそかになりがちだということでしょう。原稿に頼った練習では、効率的に非言語コミュニケーション能力を鍛えることができません。たとえ、初めに原稿を書いたとしても、原稿をもとに構成メモを作成し、構成メモを使ったスピーチの練習をくり返したほうが、より聞き手に届くスピーチに近づくことができます。

タスク　リハーサル（2）

　声の大きさ、表情、目線など、話し方を意識して、前のページの「B：構成メモ」を使って、もう一度リハーサルしてみよう。

> みんなそれぞれ、理想のスピーチがあるはず。頑張ってそれをめざそう！
> しかし、スピーチのときは緊張しているので、自分のことを客観的に見る余裕はないもの。クラスメートの力を借りて、良かったところや直したほうがよいところを教えてもらおう。付録2（pp.101-110）を参考にするのもいいよ。

コラム③
非合理的な思い込み

　「スピーチで緊張しないようにする方法はありますか」という質問をよく受けます。残念ながら、緊張しないようにする決定的な方法はありません。しかし、発想を変えることで、緊張に対処することはできます。大切なのは、緊張している自分と向き合い、気持ちをコントロールすることです。

　菅沼（2008）は、緊張する場面で結果を左右する要因の1つに「セルフ・トーク」があると言います。「肝心なときにうまくしゃべれない」「失敗しそう」というセルフ・トーク（自分自身への語りかけ）が、行動へ影響を与えているのです。しかし、どうしてこのようなセルフ・トークをしてしまうのでしょうか。菅沼によると、その背景にあるのは、イラショナル・ビリーフ（非合理的な思い込み）なのだそうです。

　例えば、「私は絶対にこうしなければならない」「人生は（状況は）こうあるべきだ」というようなイラショナル・ビリーフがあります。これらは不健康なビリーフです。「私は絶対にプレゼンを成功させなければならない（成功できなければ自分に価値はない）」「面接は成功するべきものだ（失敗したら人生は最悪）」というビリーフによって、「苦手だ」「自信がない」という自動思考が生じ、「失敗しそう」というセルフ・トークをしてしまうのです。

　「ビリーフ」は無意識の思い込みですので、自分では気づいていないことがほとんどです。スピーチの前に緊張してしまったときは、自分がどのようなセルフ・トークをしていたか、なぜそのようなセルフ・トークをしてしまったのか、意識してみてください。そこにあった非合理的な思い込みに気づき、ビリーフを修正し、セルフ・トークを変えることによって、気持ちや行動をコントロールすることができるかもしれません。

参考：菅沼憲治（2008）『セルフ・アサーション・トレーニング ―はじめの一歩―』東京図書

Chapter 3. 聞き手の役割

このコースでは、クラスメートのスピーチを聞いて、お互いに評価やコメントをします。そのために、まずはスピーチを聞く準備をしましょう。そして、どうしてお互いにスピーチを評価するのか、どんな良いことがあるのかを考えてみましょう！

❶ クラスメートのスピーチを聞く準備をしよう！

　コミュニケーションには、読む、書く、聞く、話すという、基本的な4つのスキルがあります。これから皆さんは本書を通して「話す」スキルを勉強しますが、コミュニケーションが効果的に行われるかどうか（メッセージが適切に届けられるかどうか）には、実は「聞く」スキルの働きも大きいのです。ところが、学生の皆さんを見ていると、1対1や少人数のときは良い関係を築き、メッセージを適切に受け取る、質の高いコミュニケーションに貢献する聞き方ができるのに、スピーチになるとそのコミュニケーション能力が発揮されていないようです。

　聞き手の反応はコミュニケーションを円滑にするための重要な働きを担っています。お互いに良い聞き手になって、それぞれのスピーチが質の高いコミュニケーションを生み出せるように助け合いましょう。

タスク　実際に聞き手になってみよう！
　①～⑥の手順で「聞き手」を体験してみよう。

① ペアをつくる。

② じゃんけんをして、負けた人は勝った人に、「昨日、家に帰ってから今までにしたこと」を話す。そのとき、じゃんけんに勝った人は、自分のイメージする「最悪の聞き手」になる。（3分）

③ 「最悪の聞き手」はどんなことをしていたか、表情やしぐさはどうだったか、話し手はどんな気持ちになったか、クラスで発表しよう。

④ 次に、じゃんけんに勝った人は負けた人に、同じように、「昨日、家に帰ってから今までにしたこと」を話す。そのとき、じゃんけんに負けた人は、自分のイメージする「最高の聞き手」になる。(3分)

⑤ 「最高の聞き手」はどんなことをしていたか。表情やしぐさはどうだったか。話し手はどんな気持ちになったか。クラスで発表しよう。

⑥ 良い聞き手とはどんな人だろう？　聞き手の態度はスピーチにどんな影響を与えるだろうか？　クラスで話し合ってみよう。

❷ クラスメートのスピーチにコメントしよう！

　社会人になると、仕事やプライベートでスピーチをすることが求められる反面、学校のように誰かに教えてもらえる機会は少なくなります。聞き手からのアドバイスは、将来、貴重な財産になるでしょう。聞き手役のときは、クラスメートに具体的なアドバイスをすることによってスピーチのポイントを客観的に把握できるので、一石二鳥です。

タスク 考えてみよう

自分がスピーチをしたときに、クラスメートから評価を受けることをどう思う？　どんなメリットがあるのか、どんなアドバイスが有効なのか、考えてみよう。

① クラスメートから、下のような評価をもらった。自分のスピーチをちゃんと聞いてくれていたな、と感じるのはどっちだろうか？　それはどうして？

[A]

相互評価シート

評価項目	要努力		良		優
① ‥‥‥‥	1	2	3	4	⑤
② ‥‥‥‥	1	2	3	4	⑤
③ ‥‥‥‥	1	2	3	4	⑤

● 良かったところ

全部

● より良くするためのアドバイスや質問

特になし

[B]

相互評価シート

評価項目	要努力		良		優
① ‥‥‥‥	1	2	③	4	5
② ‥‥‥‥	1	2	3	④	5
③ ‥‥‥‥	1	2	3	4	⑤

● 良かったところ

頑張ってアイコンタクトをとっていたところ。

● より良くするためのアドバイスや質問

大事なポイントは、ゆっくり大きい声で話すなど、メリハリをつけるともっと良くなりそう。

② 下のような評価をもらったが、話した本人の感じ方とは違ったようだ。このことから、評価の効果について考えてみよう。

　どうですか？ ①と②から、相手のためになる評価のしかたが少し見えてきたのではないでしょうか。皆さんにめざしてほしいのは、**「話し手を育てる聞き手」**です。そのために、評価では、
　　＊ 良いところは認め、直したほうがいいところは指摘する
　　＊ どこが／何が／どんなふうに、良かったのか／良くなかったのか、具体的に書く
ことを心がけ、次回のスピーチに生きるアドバイスをしましょう。

③ **右のような評価シートを受け取った。どんな気持ちだろう？**

　選ぶ言葉や表現のしかたによって、与える印象はずいぶん変わります。クラスメートからの評価は、ときに教師からの評価より心に響くものです。相手を育てるためのアドバイスができているか、傷つけるものではないか、想像力を持って書きましょう。相互評価はお互いへの信頼によって成り立つものです。

④ **最後に、評価をすることによって自分が得られるメリットについて考えよう。**

コラム④
相互評価の大切さ

　多田（2003）は、「スピーチ力を高めるために効果的な方法は相互評価だ」と述べています。なぜかというと、「もともとスピーチの評価というものは、聞いた人によってなされるものだから」です。さらに、その感じ方も一人ひとり違います。相互評価は、聞き手が自分のスピーチをどのように受け取ったか知ることができるチャンスというわけです。

　初めはクラスメートのスピーチを評価するなんておこがましいとか、難しいと感じるかもしれません。評価されるのも恥ずかしいでしょう。しかし、回を重ねていくと、この評価の重要性に気づいていくはずです。

　自分のスピーチを上達させるためには、まず、良いスピーチとはどんなものなのかを判断する軸を持たなければいけません。いろいろな人のスピーチを聞き、評価することで、自分の軸を育てましょう。"評価"といっても、上から目線で良い・悪いと判断するわけではありません。「この人の話し方は、ちょうどいい、聞きやすいスピードだな」と、真似したい点は積極的に取り入れ、「ずっと原稿を見てるから、もう少しこっちを見てほしいな」など、改善点は一緒に考える。つまり、助け合うためのものなのです。そうやって評価されたものは、自分のスピーチの強みと弱みを明らかにしてくれます。素直に受け取ると、次の目標につながり、必ず上達していきます。クラスメートどうしが成長を見守る役目を担っていると考えて、長所も短所も誠実に伝え合いましょう。

参考：多田孝志（2003）『地球時代の言語表現』東洋館出版社

Part 2

　Part 2 では、実際に、さまざまな課題のスピーチの準備を進めていきます。「課題」が与えられたら、皆さんは、スピーチの話題を決めなければなりません。例えば、「自己紹介」という課題なら、「自分について何を言うか（話題）」を考えることになるわけです。しかし、この「話題」というのがなかなか難問です。何を話したらよいかで悩む人は多いのではないでしょうか。

　ここでは、自分やクラスメート、モノについて、さまざまな「発見」を促す「ワーク」をクラスメートと一緒に行います。「ワーク」を通じて、話題の選択の幅を広げ、内容の質を高めるとともに、アウトライン作成やリハーサルなども実践します。課題の異なるどんなスピーチにも対応できるよう学んでいきましょう。

Chapter 1. スウジコショウカイ

人が社会で生きていくのに避けて通れないのが自己紹介です。この章では、クラスメートにスピーチ・スタイルで自己紹介をしてみます。初対面は緊張するし、何を話せばいいか悩むものですね。その結果、みんなが同じ自己紹介になってしまうことはありませんか。ここでは、その人らしく、印象に残る自己紹介をめざして、「数」を使った方法に挑戦しましょう！

残念スピーチ 😓	**めざすスピーチ** 😀
無難だけど印象に残らない内容	自分のオリジナリティを出して印象に残す
アクが強すぎて近づきにくい印象を与える	話す相手や場面に合った話題を選ぶ
ぼそぼそ話していて、早口	ハキハキしていて、聞きやすい話し方

目的
- まずは、みんなの前で視線を浴びてみる。
- 自分自身を振り返る。
- クラスメートとコミュニケーションをとり、お互いを知る。

発見しよう！
- 自分のオリジナリティは何か。
- 相手が知りたい自分の情報は何か。
- クラスにどんな人がいるのか。
- 印象に残る自己紹介とはどんなものか。

> 自己紹介の「鉄板ネタ」をつくっておけば、どんな場面でも怖くないな。将来、就活の自己分析にも役立つかも。

1. グループでアクティビティ ウォーミングアップ！

アクティビティ１　　チェーン自己紹介

❶ グループのメンバーで輪になる。

❷ 順番に、次のように自己紹介をしていく。

　　A：「はじめまして。私はAです。よろしくお願いします。」
　⇒B：「私はAさんの隣のBです。よろしくお願いします。」
　⇒C：「私はAさんの隣のBさんの隣のCです。どうぞよろしく！」

アクティビティ２　　簡単に自己紹介

グループ内で、1人ずつ、簡単な自己紹介をする。（呼ばれたい呼び名、本名、専攻、サークル・部活、趣味など）

2. 個人でワーク 数字リストを作ろう！

まず、ワークシート **A** の①に、自分にまつわる数字のリストを作ろう。次のページの［Sample］も参考にして、思いつくまま数字を書こう。

● ワークシート **A** ［自分のリスト］

① 数字	② グループのメンバーからの質問

> ここでは、自分のオリジナリティを探すのがポイント！
> 回転ずしで食べたお皿の数、りんごの皮むきスピードの記録、お風呂に入っている時間、……
> 最高、最低、恥ずかしい、誇れる、笑えるなど、あなたの数は何？
> なるべく、みんなが想像がつかないような数字を書いてみよう。
> 誕生日もいいけど、その何がオリジナルなのか？　自分だけの話題のある数字を入れてね。

3. グループでワーク 数字についての説明と質疑応答をしよう！

① 1人ずつ、自分が書いた数字を紹介し、それが何を意味するか説明していく。

② 聞き手のメンバーは、疑問に思ったことを質問しよう。
話し手は、メンバーから聞かれた質問をワークシート A の②にメモしておこう。
（⇒下の [Sample] 参照）

Point ● 質問は必ず1人1つはすること！

● ワークシート A [Sample]

	① 数字	② グループのメンバーからの質問
財布をなくした回数	8回	・8回のうち見つかったのは何回？ ・なくさないための対策は？ ・最高いくら入っていた？ ・どうしてなくすのだと思う？
同じ人からナンパされた回数	3回	・どこで？ ・相手は気づかないの？ ・結局付き合ったの？ ・他の人にもナンパされたことがある？
平熱	36度9分	・寒さに強く、暑さに弱い？ ・熱が出たと感じるのは何度ぐらい？ ・免疫力が高いと思うか？ ・いつ体温を測るの？
納豆ご飯を食べ続けている年数	15年	・きっかけは何？ ・いつ食べるの？ 朝？ 夜？ ・飽きない？ ・海外に行くときはどうする？ ・カレーのときはどうする？

4. スピーチ（1〜2分）の準備を進めよう！

❶ ワークシート **A** （p.25）で自分のリストを再確認し、1つの数字に決めよう。

> グループのメンバーがいちばん興味を持ってくれた数字は何かな？
> 初めて会ったクラスメートに私を知ってもらうには、どの話題がふさわしいだろう？
> 自分らしさがいちばん表れているのは、どの数字かな？
> 「おっちょこちょいな自分」「モテる自分」「健康な自分」「粘り強い自分」……？
> エピソードによって、与える印象は変わるよね。

❷ 「私の数字」についての説明を考える。

Point
- グループ作業の質疑応答を参考にする。
- 必要な情報と不要な情報を取捨選択する。
- 足りていない情報を加える。

> えっとー、「カレーのときも、納豆をトッピングしています」……と。

❸ **アウトラインを書いてみる。** → p.29 ［アウトラインシート ］

（※注意：話す内容を一度すべて書いてみてもよいが、発表のときには読まないこと！）

Point ● 話す順番を考える。

❹ **次の回までに練習してくる。**

この章では、
・特に数字をハッキリ言う
・なるべく落ち着いて話す
・笑顔で話す
ことを意識しよう。

「15年間、ずっと納豆ご飯を食べ続けています！」

このくらいの笑顔で話すといいな。

■ アウトラインシート　[⏱発表時間：1～2分]

序　論 (名前、呼び名、学部、学年、専攻、出身地、出身校、サークル、バイト、習い事)

- ここから、話したいもののみを選んで発表。これ以外のものは入れない。
- 20秒程度でおさまるように。

本　論 (数字についての説明とエピソード)

私の数字は、

結　論

- 結論へ入るときは、「以上で」「最後に」などのつなぎの言葉を！

5. 発表！！

コラム⑤
自己紹介って？

　「はじめまして。僕の名前は田中キザ男です」と自己紹介されたら、ほとんどの人が「え？　キザ男？」と耳を疑うと思います。そのあとに、「これは反対から読んだ名前で、本当の名前は尾崎かなたです」という種明かしがあるのですが、最初からサラッと名前を言われるより、印象に残りませんか？

　スピーチやプレゼンテーションを相手の印象に残すためには、インパクトのある1文やエピソードを入れるのがポイントです。聞き手は話の細かい内容までは覚えられませんが、**刺激のある言葉**や、**耳に残るリズムや表現**は記憶に残りやすいのです。選挙の演説やデモ行進などでよくスローガンやキャッチフレーズが使われるのは、そのためですね。皆さんも、オバマ氏の"Yes, we can."やスティーブ・ジョブズ氏の"Stay hungry, stay foolish."など、有名なスピーチの一部を知っているのではないかと思います。

　さて、今回のクラスメートの自己紹介は、ちゃんと印象に残ったでしょうか？　一人ひとりの顔と数字が頭に入りましたか？　誰が話しても同じで、誰にも覚えてもらえない自己紹介では意味がありません。そこで、このテキストの自己紹介のスピーチでは、オリジナリティとインパクトをねらうために数字を使いました。でも、もちろん他にも方法はたくさんあります。上の例のように名前自体を記憶に残す方法や、「実は、三つ子です」「実は、入学式に遅刻しました」などと、軽くカミングアウトをする方法。あるいは「おみこし大好き○○です」と自分を表すキャッチコピーをつけ、あとでそのコピーの理由となるエピソードを紹介するのもいいでしょう。実は自己紹介のネタ探しは、**自分のオリジナリティ**を探すいい練習でもあるのです。

　そして、最後に大切なこと。自己紹介の目的は、自己紹介をするだけではありません。**自分を相手に知ってもらい**、そこから**相手との関係をつくっていく**のが真の目的です。

　心にとまった自己紹介は、話しかけるきっかけをつくり、友人をつくります。さあ、皆さん、さっそく、ちょっと気になる自己紹介をしたあの人に話しかけてみましょう。

Chapter 2. 食べたいなぁ〜、あのお昼ご飯

食べ物の話は、誰とでも気軽に話せて、盛り上がりやすい話題の1つです。とはいえ、地域や文化が違う人にわかりやすく話すのは、案外難しいものです。例えば、地域や文化によって食べ方、食べる時間、習慣、食べていい物と食べてはいけない物などいろいろなことが違うので、聞き手の背景に配慮して話さなければなりません。この章では、思い出のお昼ご飯について地域や文化が違う人にわかりやすく説明できるようにしましょう！

残念スピーチ 😓	めざすスピーチ 😀
どんなお昼ご飯なのか説明不足でわからない	お昼ご飯の詳しい説明があり、わかりやすい
お昼ご飯にまつわるエピソードが説明不足でわからない	お昼ご飯にまつわるエピソードの詳しい説明がある
食文化・習慣などについて必要な説明が足りない	食文化の違う人に配慮した説明がある

目的
- 聞き手の文化背景や前提知識に配慮して、「思い出のお昼ご飯」についてわかりやすく説明することができる。
- 「思い出のお昼ご飯」にまつわる過去の出来事をわかりやすく話すことができる。

発見しよう！
- 自分の食文化・習慣の再認識。
- クラスメートの食文化・習慣はどんなものか。
- 地域・文化によって食生活やお昼ご飯は違うのか。

> 文化が違う人と話す話題として、食べ物はおもしろいかも。「鉄板ネタ」の1つにしよう！

1. ペアでアクティビティ 食べ物について話してみよう！

まず、ペアで食べ物に関する質問をしてみよう。

（例）

 昨日の夜、何食べた？

 昨日、学校から帰る途中でラーメン食べてお腹いっぱいだったけど、家に帰ったら大好物のハンバーグが夕飯だったから、また食べちゃったよ。

 今まででいちばんびっくりした食べ物は何？
シュウマイって？

 香港で食べた、金魚にそっくりな形をしたシュウマイ！
きれいだけど、本物みたいでびっくりしちゃった！

他にはどんな質問があるかな？　例えば、こんなのはどうだろう？

① どの国の料理が好きですか？
② 今まで食べたことのあるいちばん高い食べ物は何ですか？
③ もしも1か月間ずっと同じ食べ物を食べ続けなければいけないとしたら、何がいいですか？
④ あなたの国・地元の有名な／伝統的な料理は何ですか？
⑤ 自分で野菜を育てて食べたことはありますか？
⑥ アレルギーを持っている食べ物はありますか？
⑦ 子どものころ嫌いだった食べ物は何ですか？
⑧ 大学の食堂を使ったことがありますか？　好きなメニューは何ですか？
⑨ 料理をしますか？　得意料理は何ですか？
⑩ 目玉焼きには何をかけて食べますか？（塩・しょう油・ソース・ケチャップなど）

「ペチャクチャ質問集」（p.89）も参考にしよう。

2. 個人でワーク 思い出のお昼ご飯について書いてみよう！

子どものころや小・中・高時代に食べた思い出のお昼ご飯は何か、なぜ印象に残っているのか、[Sample] を参考にして、次のページのワークシート **A** に書いてみよう。

● ワークシート [Sample]

	思い出のあのお昼ご飯①
いつの昼食？	小学校の遠足で高尾山に行ったときのこと （＊高尾山がどこにあるか知らない聞き手がいる場合は説明する）
誰が作った昼食？	母親
どんな昼食？	ウィンナー、ウズラの卵、キュウリ、ハム、玉子焼き、プチトマト、から揚げ、おにぎり2個（梅とおかか）、麦茶
誰と一緒に食べた昼食？	班の4人と一緒に食べた
思い出の理由	・いつもは給食だけど、遠足のときだけはお弁当だった。 ・遠足のときのお弁当の中身はいつも同じだった。
エピソード	同じ班のA君がお弁当を食べようとしたときに、真っ逆さまにお弁当を落としてしまい、食べられなくなり泣き出した。担任の先生がA君にお弁当を分けてあげて一件落着。しかし、悪いことは連鎖するもので、遠足でテンションが上がっていたB子ちゃんは、少しふざけながら食べていたせいで、おにぎりを1つ落としてしまった。しかし、他のおにぎりとおかずは無事だったので、その後は静かに食べていた。それを見た私は、子どもながらに絶対にお弁当は落としてはいけないと、必死に食べた記憶がある。
メンバーからの質問	◎「班」って何ですか？ 私の国にはありません。 ◎ お弁当は母親が作るのですか？ 私の国ではお手伝いさんが作ってくれます。 ◎ 典型的な日本のお弁当って何ですか？ ◎ キャラ弁でしたか？ ◎ おにぎりでいちばん好きな具は何ですか？

> 全員が同じ小学校の給食だと……飽きちゃうな。何か聞きたくなるような、その人だけの話題を入れてほしい！ 給食も国によって違うから、説明してもらいたいな。学校以外でも、よくお昼に行った近所のお店とかも聞きたいな。

● ワークシート **A** ［自分のリスト］

	思い出のあのお昼ご飯①
いつの昼食？	
誰が作った昼食？	
どんな昼食？	
誰と一緒に食べた昼食？	
思い出の理由	
エピソード	
メンバーからの質問	◎ ◎ ◎ ◎ ◎

	思い出のあのお昼ご飯②
いつの昼食？	
誰が作った昼食？	
どんな昼食？	
誰と一緒に食べた昼食？	
思い出の理由	
エピソード	
メンバーからの質問	◎ ◎ ◎ ◎ ◎

2-②　食べたいなぁ～、あのお昼ご飯

3. グループでワーク　思い出のお昼ご飯について質問し合おう！（話題の絞り込み）

ワークシート A

❶ グループのメンバーのワークシート A をチェックする。

グループ内でメンバーのワークシート A をこのテキストごと回し、全員のものに目を通そう。メンバーは、疑問に思ったことをワークシート A の「メンバーからの質問」欄に書き、次の人に回す。

> **Point**
> ● 聞き手は、発表者の食文化を知らないつもりで質問を考え、書くこと。

❷ 自分のワークシートをチェックする。

自分のワークシート A が戻ってきたら、グループメンバーが書いてくれた質問を確認しよう。自分がより話しやすく、みんなも興味を持ってくれそうなのは【思い出のあのお昼ご飯①】と【思い出のあのお昼ご飯②】のどちらだろう？

❸ 質疑応答

ワークシート A の中から思い出のお昼ご飯①か②を選び、それについて1人ずつ説明しよう（1人3分程度）。聞き手のメンバーは、気になったことをどんどん質問しよう。

「アメリカの小学校のお弁当に驚いた」って書いてあるけど、どんなこと？

小学校1年生のときにアメリカに引っ越して、現地の小学校へ通ってたとき、お昼の時間にびっくりしたことがあって！
アメリカの小学生はお弁当にポテトチップスとサンドイッチを持ってくるのが普通で、お菓子のポテトチップスを学校で食べられるなんて日本では信じられないから、驚いちゃった。

❹ メモ

話し終わったらメンバーから聞かれた質問をメモしておこう。

> Point
> - クラスメートが知らない／知らなそうな食文化や習慣について説明を加える。例えば、留学生に話すときには、おにぎりの具の「おかか」の説明を入れるなど。

4. 個人でワーク スピーチ（3分）の準備を進めよう！

❶ ワークシート A を参考にして、発表で話す内容を決める。

「出身地が異なる人」「異なる文化の人」にもわかるように、食文化や習慣の違いを説明しよう。

> Point
> - グループ作業時に質問が出たところは説明の追加が必要なところ。
> - 必要な情報と不要な情報を取捨選択する。
> - 足りない情報は調べる。
> - 話す順序を考える。

❷ アウトラインを書いてみる。→ p.39［アウトラインシート］

（※注意：話す内容を一度すべて書いてみてもよいが、発表のときには読まないこと！）

❸ 持ち時間に合うようにジェスチャーや情報量を考えながら、アウトラインを修正する。

> **Point**
> - ジェスチャーを話のどこで入れるか決める。
> - 聞き手から見て、ジェスチャーが反対にならないようにする。例えば、発表者が自分の右側を指した場合、聞き手から見ると左側を指していることになる。発表者は聞き手から見たジェスチャーができるように、立って鏡の前で練習する。

同じジェスチャーでも、文化によって意味が異なるから気をつけよう！ 例えば、日本で使うOKサインは、他の国ではまったく違う意味になるよ。例えば、南米などでは相手を侮辱する意味になってしまうんだ。
発表中に聞き手に失礼なジェスチャーをしないように準備しよう。
[→ p.108「留学生が気になる日本人の癖」を参照]
参考：八代京子・世良時子（2010）『日本語教師のための異文化理解とコミュニケーションスキル』三修社

❹ 次回までに、声に出して練習してくる。

> **Point**
> - 鏡を見ながら練習する、友だちや家族に聞いてもらう、スマホの動画で自分を撮ってみるなど、いろいろな方法で話し方をチェックしてみるとよい。

op 【オプション】次回までに、思い出のお昼ご飯の絵や写真を用意しよう。

> **Point**
> 絵や写真について紹介するときは、……
> - 発表者は持っている絵や写真ばかり見ないようにする。目線は聞き手。
> - 絵や写真に頼らずに言葉で説明できるようにする。
> - 絵や写真を持つ場合は、しっかりと持って見せるようにする。持っている手の位置が低くなったり、絵や写真をうちわのようにしてあおがないようにする。

■ アウトラインシート　[⏱発表時間：3分]

序　論（挨拶、名前、お昼ご飯の紹介、いつ食べた、どこで、誰が作った、誰と一緒に食べたなど）

（例）私は＿＿（食べ物の名前）＿＿についてお話します。
（例）私の思い出のお昼ご飯は＿＿（場所）＿＿で食べた＿＿（食べ物）＿＿です。

- ここから、話したいものを選んで発表。
- 20～30秒程度でおさまるように。

本　論（思い出の理由、お昼ご飯の説明、エピソード、文化的な情報など）

- 文化的な情報が必要なときは必ず入れる。

- ジェスチャーをするところを決める。

結　論

- 結論へ入るときは「以上で」「最後に」などのつなぎの言葉を！

5. 発表　発表！！

コラム⑥
話し手と聞き手の文化の違いを考えてスピーチしよう！

　多様な文化が共存する社会になり、さまざまな文化背景を持つ人と話す機会が増えています。大学でも留学生と日本人の学生が一緒に学べる授業が増えましたが、そのようなクラスで発表するときは、さまざまなことを考慮しなくてはいけません。**聞き手に失礼にならないジェスチャーを使ったり**、**話すスピードを落とす**など、聞き手のことを考えてスピーチをすることが重要です。また、文化背景が異なる聞き手にスピーチをするときは、**わかりやすい言葉を選んだり**、内容について**説明を補足する**必要があります。

　学生時代に食べた「あのお昼ご飯」のスピーチでは、説明不足から、質疑応答で質問がたくさん出ることがあります。例えば、日本人の学生が、中学校のときに姉が初めて作ってくれたお弁当を家に忘れてしまい、ひどく怒られたスピーチをしたとき、インド人留学生が不思議そうな顔をしていました。あとで聞いてみると、インドでは、業者の人が家までお弁当を取りにきて、お昼前に学校に届けてくれるサービスがあるそうです。インドとは違うお弁当の文化について、もう少し説明してもらいたかったということでした。また他にも、アメリカ人留学生が高校のとき、時間がないから、いつも焼きあがっているピザを買って急いで食べていたというスピーチをしたとき、なぜそんなに急がなくてはいけないのかという質問が出ました。この質問に対して、アメリカ人留学生は、生徒数が3000人もいたため食堂に入りきらず、お昼の時間が4部制だったと説明をしました。

　このように、異なる文化背景や背景知識を持つ聞き手のことを考えて、**自分ではふつうと思う内容でも補足説明をスピーチに入れることが重要**です。

参考：スティーブン E. ルーカス（著）・狩野みき（監訳）『アメリカの大学生が学んでいる「伝え方」の教科書』SB Creative

Chapter 3. しくじった！失敗から学ぶ教訓

スピーチの中で、話し手が最も話しやすく、聞き手が最も興味のある話とは、話し手の体験談です。体験談は即興で話せるだろうといって、何も考えずに話してしまうと相手の共感を得ることはおろか、理解さえしてもらえません。この章では体験談の中でも、失敗談を通じて事実説明や感情を効果的に伝える方法、そして、その体験の中から気づいた自分の教訓を伝える訓練をしていきます。

残念スピーチ	めざすスピーチ
話にまとまりがない	話の流れを意識する
内容がイメージしにくい	具体的・客観的に描写する
いろいろ話しているが、結局、何が言いたいのかわからない	メッセージを1つに絞る
共感できない	・聞き手との共通点を見いだす ・内容と話し方を一致させる

目的
- 自分の伝えたいイメージや感情を正しく表現できる。
- 体験を通して得た教訓を伝えられる。
- 聞き手の共感を得る。

発見しよう！
- 聞き手がイメージしやすい説明をするには何が必要か。
- 聞き手の共感を得るにはどんな工夫が必要か。
- 事実と意見の違いは何か。

失敗から得たものを伝える教訓スピーチは、進学や就職の面接でも使えるね！

1. ペアでアクティビティ　写真の説明エクササイズ 具体的描写にチャレンジ！

❶ 2人1組になり、1人は、写真を見てその説明をする。もう1人は、写真を見ずに説明だけ聞いてその絵を描く。
（※ジェスチャーは禁止。互いに、写真・絵を見ない、見せない、質問しない。）

❷ 制限時間内に、説明役はなるべく写真に近い絵面を相手に描かせるつもりで説明する。終わったら、絵は伏せておく。

❸ 役割を変える。

❹ 写真と描いた絵を見せ合って、答え合わせをする。

写真を具体的に説明するって意外と難しいね！
次は、自分の体験を具体的・客観的に説明するテクニックを学んでいくよ！

2. 失敗した出来事を思い出そう！（話題探し）

「あんなことするんじゃなかった！」「こうしておけば良かった！」というあなたの失敗エピソードを、下記の「①感情」と「②出来事」の言葉をヒントに思い出して、隣の人に話してみよう。さらに、失敗にまつわる他の「感情」や「出来事」を思いついたら、アイディアをどんどん空欄や余白に自由に書き込んでみよう。

1 失敗で思いつく「感情」から話題を探る

悲しい	腹が立つ！	怖〜い	つらい…
恥ずかし〜	悔しい…		

2 「出来事」から話題を探る

ダイエット	健康	宝物	お金	仕事
成績・業績	期待	チャンス	イメージ	恋
友人	ケンカ	別れ	病気	ケガ
事故	入院			

3. 失敗について話し合い、質問し合おう！（話題の絞り込み）

前のページの「話題探し」をもとに、失敗の中でも学びや気づきのあったエピソードを選んで話し合いながら、話題を絞り込んでいこう！　1人ずつ以下の❶〜❹を盛り込みながら話し、聞いている人は、不明な点、詳しく知りたいところをどんどん質問しよう。話し合いの中で伝えるべき情報がわかったら、❶〜❹にメモをしよう。

選んだ話題：[　　　　　　　　　　　　　　　　　　　　　　　]

❶ 何をしたか

（例）偏食ダイエットに至る経緯、何を食べたのか、期間や量

❷ その結果どんな失敗をしたか

（例）肌荒れ、1か月5キロ減、やる気減、リバウンド

> 失敗したことまでは言えても、そこからの学びや教訓がなかなか言えないときは、その話題は今回の発表に合っていないかも！

44

❸ このことから何を学んだか

（例）健康的なダイエットには栄養のバランスが大事

❹ みんなへの教え（教訓）とは何か

（例）とにかく痩せたい人、忙しくてお菓子ですませてしまう人は、食生活を侮るな！
栄養バランスのとれた食事をして、健康第一！

- そもそもどうしてそんなに必死にダイエットしたの？
- 一生懸命ダイエットしたみたいだけど、どんな努力をしたの？
- 登場人物がいっぱい。「さっきの人」ってどの人のこと？
- リバウンドしてから、実際に友だちから言われたセリフが知りたいな。
- 「すごい体型」って具体的にどんな見た目？　いい意味？　悪い意味？

4. スピーチ（3〜5分）の準備を進めよう！

個人でワーク

❶ 話す順番を意識して組み立てる。

Point
- 体験したこと（事実）と、事実から言える自分の考え（意見）を区別する。
- 失敗談では、「事実（A：失敗の原因、B：失敗による結果）」から「意見（C：失敗からの気づき、D：みんなへの教訓）」の順で進める。

❷ 事実内容を具体的・客観的に説明してみる。

Point
- 事実を話すときは、5W2H（いつ、どこ、誰（関係性）、なぜ、何が、どのように、どれくらい（数量））を盛り込む。
- 数字で表せるものは数字に置き換えて具体的に表現する。
- 情景をイメージしやすくするために、五感を刺激する表現を使う。

「肌荒れがすごい」よりも「顔全体に2、3ミリくらいのポツポツができて〜」とか「とても辛い」よりは「生きた心地がしないほど／涙も出ないほど辛い」のほうが想像しやすい！

❸ 自分の意見を明確にする。

Point
- 自分の失敗（A：原因・B：結果）からわかったことや学んだこと（C：気づき）を考える。
- 聞き手が同じ失敗をくり返さないように、アドバイスとして教訓（D）を考える。
- 聞き手との共通点を見つけ、自分の失敗が聞き手にも起こりうる可能性を指摘すると共感度アップ！
- 教訓（D）を川柳や標語、替え歌などにして印象づけてもよい！

皆さん、ご唱和ください。「気をつけろ！　甘い偏食　苦いワナ！」

❹ アウトラインを書いてみる。

Point
- 話の流れを意識する。
- 聞き手がイメージできるような具体的・客観的な説明を心がける。
- みんなへの教訓（自分の意見）を明確にする。

■ アウトラインシート　[⏱ 発表時間：3〜5分]

序　論 （挨拶、名前、話題紹介、オプションとして話題に関する聞き手への質問など）

　私は ＿＿＿（失敗したこと）＿＿＿＿＿＿＿＿＿＿＿＿＿ で失敗してしまいました。

　私のようにならないために、＿＿（教訓）＿＿＿＿＿＿＿＿＿＿＿＿＿＿＿＿
　＿＿＿＿＿＿＿＿＿＿＿＿＿＿＿＿＿＿＿＿＿＿＿についてお話しします。

本　論

A：失敗の原因

> 表情、声、ジェスチャーなど、話し方を工夫しよう！（次のページを参照しよう）

B：失敗による結果

C：失敗からの気づき

結　論 （みんなへの教訓、オプションとして五七五や標語など、挨拶）

D：みんなへの教訓

> 結論へ入るときは「最後に」「まとめとして」などのつなぎの言葉を！

2-③　しくじった！　失敗から学ぶ教訓

5. ドラマチックな話し方でリハーサル！

個人でワーク

話すことが決まったら、次はどう話すかがスピーチの醍醐味です。言葉だけでは伝わらないイメージや感情を、①顔、②声、③ジェスチャーを使って正しく表現しよう。そして、内容と話し方を一致させよう。（p.50 コラム「その話し方じゃ、もったいない！」参照）

❶ 顔の表情

スピーチで喜怒哀楽を表すときは、<u>オーバーかなと思うぐらい大きく表情をつけよう！</u>　「うれしい」と言っているのに、笑顔がない。「悲しい」と言っているのに、笑っている。言っていることと顔の表情が異なる<u>逆転現象に気をつけよう！</u>

はらわたが煮えくり返る思いでした。

あのときは本当にイライラしました。

すごく悔しかったです。

❷ 声の表情

セリフや擬音語、擬態語、強調したいところなどで、<u>声色を変えてみよう！</u>　声の大きさ、高さ、話す速さ、ポーズ（間）などに変化をつけると、命が吹き込まれたようにスピーチが生き生きとします。

ガラスがバリンバシャーン！

女性がきゃあ！
近所のおじさんが「うるせぇ！何時だと思ってんだ！」

❸ ジェスチャー

心に何かを感じさせるような場面では、<u>内容に合わせた動きを大きく意識的につけよう！</u>　形容詞や動詞を使うような所でジェスチャーをつけるといいでしょう。

最高にうれしい〜！

自分のライブでガンガンのりまくって〜

6. リハーサル！

スピーチの効果を高める話し方に注目して、たくさん練習をしておこう。

❶ 1人ずつグループのメンバーに話そう。アウトラインは確認程度に見る。

❷ 聞き手は、話し方（顔・声・ジェスチャー）に注目しながら、内容と話し方が一致しているか確認しよう。話し方において、良かった点やこうしたらもっと良くなる点を指摘しよう。

> 声が単調だから、辛そうな声で話してみたら？

> そのダイエットを続けていたら、体重は1か月で5キロも落ちたのですが、元気がなくなってしまって、肌はボロボロになりました。

> ずっと早口だから、間をおくと聞きやすいよ。

> 「1か月」とか「5キロ」の数字を、ハンドジェスチャーで表したらどうかな？

> 肌がボロボロなのに、うれしそうに見えるよ。

Point
- 1人で練習するときも、声に出し、ジェスチャーをつけ、顔の表情もつける。体全体を使うと、話す内容が覚えやすい！
- オーバーかなと思うぐらい表現は大きくする。
- 丸暗記はぎこちない話し方になるのでダメ！ 流れをつかむまで練習すること。

7. 発表！！

コラム⑦
その話し方じゃ、もったいない！

　スピーチの醍醐味はなんといってもあなただけのその顔、声、体を使った自己表現です。言いたいことはわかっても、伝え方が弱いばかりに、聞き手に正確に理解されないのは非常にもったいないことです。体験談のスピーチで多いのは、明るい話題で暗い表情、暗い話題で明るい表情という逆転現象や、感情はあるのに無表情になってしまうケース。特に日本人は、ストレートに感情を出すことに抵抗を感じるのか、照れなのか、わざわざ真逆の表情をしてしまうようです。Blanck & Rosenthal（1982）の「言語非言語一致性原則」では、**言葉と話し方が不一致であるとき、より信頼できる情報源として非言語が用いられる**ということが指摘されています。つまり、**一般的に聞き手は「どう話しているか」に影響されやすい**のです。笑顔で悲しい話をしている人が、途中で言葉に詰まり目が潤んだ瞬間、聞き手はその人の悲しみの深さに触れたような感覚になります。無表情でうれしい話をしている人が、ふと笑みを浮かべた瞬間、聞き手はその人の喜びにやっと触れた感覚になるのです。

　演出家・劇作家の鴻上尚史氏は、**正しい発声とは「自分の感情やイメージをきちんと表現できる声」である**と言っています。彼は、声の要素を①大きさ小ささ、②高さ低さ、③速さ遅さ、④声色・声質、⑤間、の5つに分け、魅力的な話をする人は、話題によってこれらの声の要素を使い分けており、つまらなく聞こえる話は、声の要素が常にワンパターンだと言います。例えば、「ありがとう」という言葉を大声で、ささやく声で、高い声で、重低音で、早口で、ゆっくりで、アニメ声で、涙声で、間をおいて、言ってみてください。感謝の度合いが異なって聞こえます。あなたがもしスピーチで、本当は友人にとても感謝しているのに、終始暗いトーンで棒読みっぽく「ありがとう」と言ったとしたら、友人への深い感謝を聞き手が理解するのは難しいでしょう。

　スピーチをするときは、**内容と話し方は一致しているか、話し方がいつもワンパターンになっていないか**を念頭に置きながら、顔・声・ジェスチャーを使って自己表現をしましょう。

参考：Blanck, P. D., & Rosenthal, R. (1982) Developing strategies for decoding "leaky" messages : On learning how and when to decode discrepant and consistent social communications. In R. S. Feldman (Ed.), *Development of nonverbal behavior in children* (pp.203-229). New York : Guilford Press.
鴻上尚史（2013）『コミュニケイションのレッスン　聞く・話す・交渉する』大和書房

Chapter 4. ほりほり情報探索！

生まれ育った土地、ずっと続けている習い事、大好きなアーティストや食べ物など、自分にとって身近なものを人に説明するのは、簡単なようで案外難しいものです。この課では、身近なものをわかりやすく説明するスピーチをします。説明のしかたによっては、せっかくの魅力を伝えられないこともあります。説明下手を克服して、聞き手の興味を引きつけられる、効果的な情報発信をしましょう！

残念スピーチ	**めざすスピーチ**
持ち時間に対してトピックの数が多すぎる	持ち時間に対してトピックの数が適切である
「知っていて当たり前、常識」を前提に、説明が不足している	「知らないかもしれない」を前提に、説明が十分にある
話し手に熱意がなく、本当にその情報に魅力を感じているのかどうかが疑われる	情報の魅力を知ってほしい、という話し手の熱意が伝わる

目的
- 適切なトピックの数で、話す内容を深めることができる。
- 聞き手に語りかけるような熱意が伝わる話し方ができる。

発見しよう！
- 「ありきたり」と思われがちな身近なものに隠れている興味深い情報は何か。
- 聞き手と自分の間で、基礎知識はどのくらい共有されているのか。
- 熱意が情報の魅力を伝える効果はどのくらいあるのか。

自分の知っていることを説明する場面っていっぱいあるけど、これがなかなか難しい。でも、コツさえつかめば、わかりやすく説明できるよ。

1. 個人でワーク テーマを探ろう！

ワークシート A の質問に答えて、①にメモしよう。

（答えられるものだけでよい。答えが複数ある場合は全部書こう。違う質問に同じ答えが入ってもよい。）

● ワークシート A

	質問	① 質問への答え	② メンバーから
1	長く続けている趣味がありますか。それは何ですか。		
2	お金をかけても惜しくないものは何ですか。		
3	時間を忘れて夢中になれることは何ですか。		
4	何をしているとき、リラックスできますか。		
5	気分転換に何をしますか。または、最近、思いがけず気分転換になったことはありますか。		
6	最近気になっていることがありますか。調べてみたいことがありますか。		
7	何か集めているものはありますか。それは何ですか。		
8	この前の休日に何をしましたか。		
9	長く愛用しているものはありますか。それは何ですか。		
10	理想の恋人は誰ですか。（具体的な個人名）		
11	今いちばん行きたい場所はどこですか。		
12	お気に入りの場所はどこですか。		
13	元気が出る食べ物は何ですか。		

「自分にはわざわざスピーチで人に話すような特別な知識や情報なんてない」と思ってないかな。「わざわざ人前で話すのだから、『特別』なことを言わなければいけない」というプレッシャーから自分を解放してね。聞き手の役に立つことを伝えたい、聞き手を退屈させてはいけないという気持ちはとても大切だけど、自分では「こんなこと」と思っていることでも、工夫次第で、十分、聞き手の興味を引きつけるスピーチのテーマになるよ。

2.  テーマを決めよう！

❶ 4、5人のグループになって輪をつくる。

❷ 自分のワークシート **A** を（このテキストごと）それぞれ左隣のメンバーに渡す。

❸ 回ってきたメンバーのシートを見る。詳しく聞いてみたいものを1つ選んで、②の欄に☆マークを記入し、左隣のメンバーに渡す。これをくり返して、グループ全員のシートに☆マークをつけよう。

❹ 自分のシートが返ってきたら、グループメンバーがつけてくれた☆マークを確認しよう。

❺ ☆の数がいちばん多いものをテーマにしよう。（同数の場合はどれか1つ選ぶ）

意外なところに☆がついてないかな。
これについて話せば、スピーチに興味を持ってもらえそうだね。

- ワークシートAの「①質問への答え」に書いたことをスピーチのテーマにすること。（例えば、「4　何をしているとき、リラックスできますか。」の答えの「スーパー銭湯」に☆がいちばん多くついていた場合、「スーパー銭湯」がテーマになります。「リラックスのしかた」がテーマではありません。

3. スピーチの内容を深めよう！

テーマ（主題）が同じスピーチでも、トピック（テーマに関連した話題）によって内容の豊かさに差が出ることがあります。たくさんのトピックについて広く浅く話すスピーチよりも、トピックをできるだけ少なくして、それぞれのトピックについて詳しく話すスピーチほうが、聞き手に豊かな情報を提供し、記憶にも残ります。ここでは、トピックを絞り込んで、テーマを掘り下げる練習をします。

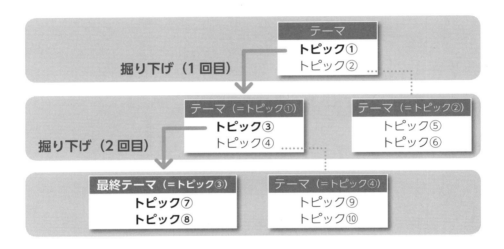

❶ テーマについて、トピックをできるだけたくさん考えよう。

→ [ワークシート **B**]

グループのメンバーにテーマについて知りたいことを聞き、それをトピックにしてもいいよ。メンバーの知らないことを把握することで、聞き手の「知りたい」という欲求に対応したスピーチが可能になるぞ。

- トピックの答えがわからないときは、質問として書いておいて、あとで調べれば OK。
- グループのメンバーの力も借りて 5 つ埋めること。

● ワークシート **B** [Sample]

	テーマ【　　　　　サザエさん　　　　　　　　　　　　　】
	トピック
1	まんがについて
2	アニメについて
3	原作者について
4	声優について
⑤	登場人物について

● ワークシート **B** [自分のリスト]

	テーマ【　　　　　　　　　　　　　　　　　　　　　　】
	トピック
1	
2	
3	
4	
5	

> いろいろなトピックが次々と出てくると、話についていくのが大変だなぁ。
> トピックが少ないほうがまとまりがあって、詳しい情報をじっくり聞けた気がするぞ。

Point ● トピックを1つに絞り込む。　→手順❷［ワークシート **C**］

2-④ ほりほり情報探索！

❷ 1つのトピックを選んで、今度はそれをテーマにしてトピックを考えよう。
→ ［ワークシート C ］

● ワークシート C ［Sample］

掘り下げたテーマ【　　サザエさんの登場人物　　　】		
	トピック	
1	サザエ	
2	イクラ	
3	フネ	
4	カツオ	
⑤	波平	

● ワークシート C ［自分のリスト］

掘り下げたテーマ【　　　　　　　　　　　　　】		
	トピック	
1		
2		
3		
4		
5		

例で挙げたすべての登場人物について一言ずつ言うより、1人の登場人物について詳しい情報を伝えたほうが、内容がディープになるな。

Point ● さらにトピックを1つに絞り込む。　→手順❸［ワークシート D ］

56

❸ さらにトピックを1つ選んで、それをテーマにしてトピックを考える。ここでも5つ挙げることをめざそう。 → [ワークシート **D**]

> テーマを掘り下げる（1つのトピックについての情報をできるだけ考える）ことで、自分も聞き手もまだ知らないような情報の存在に気づくことがあるかもしれないね。平凡なテーマでも、このレベルの情報が出せれば十分興味深いスピーチが可能だよ。

● ワークシート **D** [Sample]

	さらに掘り下げた最終テーマ【　　　　磯野波平　　　　】
	最終トピック候補 （※時間に合わせてトピックを選択する）
1	髪の毛にコンプレックスがある
2	ふたごの兄がいる
3	時々、ご先祖様と会話している
4	性格は実はおだやか？（マンガでは「ばかもん！」と怒鳴らない）
5	職業は？　会社ではどんな人？

● ワークシート **D** [自分のリスト]

	さらに掘り下げた最終テーマ【　　　　　　　　　　　　】
	最終トピック候補 （※時間に合わせてトピックを選択する）
1	
2	
3	
4	
5	

> ふふふ……。
> ここまでくると、だいぶディープだぞ。

❹ 最後に、スピーチを聞いた人が紹介したものに実際にアクセスするために必要な情報をまとめよう。　→［ワークシート E ］

● ワークシート E ［Sample］

アクセス情報【　さらに波平について知るためにおすすめのサザエさん本　】	
1	タイトル
2	定価
3	タダで読める場所
4	3の場所への行き方
5	開館時間

● ワークシート E ［自分のリスト］

アクセス情報【　　　　　　　　　　　　　　　　　　　　　　　　　】	
1	
2	
3	
4	
5	

説明を聞いて興味がわいてきた！　話し手も、「ぜひ食べてみてください／聞いてみてください／行ってみてください」と言っている。でも、どうやって……？
アクセスの情報がないと、せっかく興味を持っても実行しにくいな。

4. スピーチ（3分）の準備を進めよう！

個人でワーク

❶ ワークシート **D** と **E** を参考に情報を集めて、アウトラインを書いてみる。

■ アウトラインシート　[⏱ 発表時間：3分]

序　論（挨拶、名前、テーマ紹介、聞き手に必要な基礎知識）	●語りかけ、質問など、聞き手との交流があるとよい。 ●基礎知識は、聞き手が「知らないかもしれない」を前提にして、自分にとっては当たり前すぎると思われることも省略しないこと。
本　論（情報提供） トピック① ・ ・ ・ トピック② ・ ・ ・ トピック③ ・ ・ ・	●トピックの数やそれぞれのトピックについての情報（「・」の数）は適宜調整する。（できれば1つのトピックについて、「・」の数を増やして、じっくりと説明する。） ●トピックが複数になるときは、つなぎの言葉を工夫して、トピックが変わることと、トピック間の関係を明確にすること。（「もう1つの魅力は」「さらにすごいのは」など。）
結　論（紹介したものの魅力のまとめ、アクセスできる情報）	●聞き手への語りかけを意識して、熱意を伝えよう！

❷ 情報を具体的・客観的に説明してみる。

練習	主観的な説明を具体的・客観的な説明に変えよう

下の表の【　　】に言葉を入れて文を完成させてください。これは主観的な文です。

次に、この主観的な文について、聞き手になったつもりで質問を考えてください。話し手に戻って質問に答えると、具体的・客観的な説明になります。1つの質問に1つの答え（一問一答）でなく、1つの質問にできるだけ詳しく答えるつもりで話すと、さらにわかりやすい説明になります。

[Sample]

主観的な説明：【　　きりたんぽ鍋　　】は　すごくおいしいです！	
質問	どんな味？
質問	何に似ている？

質問に答えると、説明が客観的に！

ほんとかな？

[自分のリスト]

主観的な説明：【　　　　　　　　　　】は　すごくおいしいです！	
質問	
質問	

主観的な説明：【　　　　　　　　　　】は　すごくかわいいです！	
質問	
質問	

主観的な説明：【　　　　　　　　　　】は　すごく混んでいます！	
質問	
質問	

主観的な説明：【　　　　　　　　　　】は　元気が出ます！	
質問	
質問	

主観的な説明：【　　　　　　　　　　】は　便利です！	
質問	
質問	

- アウトラインに入れた1つめのトピックについて、主観的な説明だけにならないように注意しながら説明する。
- 「すごく」「いろいろ」は、数字や具体例で補う。
- 紹介したものにアクセスできる情報についても具体的に説明する。

「○○はすごくおいしいです。」だけだと説得力がないよね。どんな味かもわからないし……。
「○○はすごくおいしいです。△△のような香りがします。食感は例えて言うなら……。」のような感じで説明しよう。

❸ 持ち時間に合わせてトピックの数やトピックについての情報量を調節しながら、アウトラインを修正しょう。

- 1つめのトピックについて、「これ以上はできない」というほど詳細に説明しても時間が余ってしまう場合は、2つめのトピックを加える。
- 2つめのトピックについても、1つめ同様に詳細に説明すること。それでも時間が余ってしまう場合は、3つめのトピックを加える。
- できるだけトピックの数を少なくして、1つのトピックについて時間をかけること。

❹ 声に出して練習しよう。

- 導入の挨拶や聞き手との交流は、聞き手の目を見てできるようにする。
- 自分で聞いてみて、わかりにくい説明は工夫する。例えば、「159,629,000」という数字を「およそ1億6千万」と言い換える。
- ビジュアル・エイドを効果的に使う。例えば、「ヌルスルタン・ナザルバエフ大統領」というなじみのない固有名詞をスピーチの前にあらかじめホワイトボードに書いておくなど。
- ビジュアル・エイドを使う場合は、自分の目線がビジュアル・エイドにいかないように注意する。
- 自信のない話し方で情報の価値に疑問を抱かせないようにする。

5. 発表！！

コラム⑧
くどい？　詳しい？

　アメリカ人の友人との思い出です。友人は、自分の家に下宿していた人が引っ越したあとに、その下宿人が残していった奇妙な絵を見つけたと言って、その絵についての説明を始めました。その絵は、具体的なモノが何も描かれていない抽象画だったのですが、友人の説明は、絵の大きさから始まり、その絵に描かれていたカタチ、そのカタチが描かれている場所、色、筆のタッチなどについて10分近く続きました。私は、友人の説明からその絵をうまくイメージすることができなかったのですが、そこには、英語の理解力とは違う原因があったように思います。私は、1枚の絵について、そのような長い説明を受けたことがなかったのです。(それも、カジュアルな日常会話で！)絵の説明がそんなに長く続くとは予想していなかったので、実際、途中から「よくこんなに説明が続くな」「視覚からの情報をなんとかして言葉で伝えようとする姿勢がすごいな」という驚きに説明への集中が妨げられてしまい、こっそり時間をはかっていたのです。

　文化人類学者のエドワード・ホールによると、アメリカやスイス、ドイツ、北欧などは、言葉での説明に頼る割合が高く、コミュニケーションの背景にあるコンテキスト（文脈）への依存が低いコミュニケーション・スタイルだと言われています。これを低コンテキスト・コミュニケーションと呼びます。一方、日本も含まれるアジア、アラブ、地中海地方などは、コンテキストへの依存が高い、高コンテキスト・コミュニケーションと呼ばれるコミュニケーション・スタイルをとる傾向にあると言われています。高コンテキスト・コミュニケーションに慣れていると、低コンテキスト・コミュニケーションの説明は「長く」、場合によっては「くどく」感じられてしまうかもしれません。

　コミュニケーション・スタイルの違いは文化の違いですので、どちらが良いと言えるものではありません。しかし、<u>自分が感じた情報の魅力（奇妙さも！）を伝えたいとき、または、詳しく、正確に情報を伝える必要があるときには、「相手が自分と同じコンテキストを共有している」という思い込みは危険です</u>。コンテキストに頼りすぎていないかどうかに注意を払い、言葉でしっかりと説明することを意識しましょう。

参考：石井敏ほか（2013）『はじめて学ぶ異文化コミュニケーション ―多文化共生と平和構築に向けて―』有斐閣

Chapter 5. 愛されるつっこみ質疑応答

スピーチやプレゼンテーションのあとの質疑応答の時間、皆さんは有効に使っていますか。この章では、質疑応答の方法を学びます。人前で質問することに対する苦手意識をなくして、疑問に思ったことをどんどん質問してみましょう。さらに、発表者は質問にわかりやすく答えられるように練習しましょう！

残念質問／答え	めざす質問／答え
[質問する人] 周りを気にしすぎて質問しない	[質問する人] もっと知りたいことがあるとき、周りを気にせずに質問できる
[質問する人] 何を聞きたいのかわかりにくい質問をする	[質問する人] 聞きたいことを明確に質問する
[答える人] 質問された内容と違うことを答える	[答える人] 質問の内容に合った答えができる

目的
- [質問する人] 人前で質問できる。
- [質問する人] 質問することによって、内容について詳しく理解する。
- [答える人] 質問にわかりやすく答える。

発見しよう！
- 「良い質問」と「（質問する際の）良い聞き方」とは何か。
- 「良い答え」と「良い答え方」とは何か。

今まで質問したいと思っても、他の人に「変な質問しているなぁ…」と思われたくなくて聞けなかったけど、うまく質問できるようになりたいな。

発表するときは、つい「誰も質問しないで！」って思っちゃうな。質問に答える練習ってあまりしないかも。

1. グループでワーク 「質疑応答」について考えよう！

❶ ワークシート **A** [質問について] と ワークシート **B** [答え方について] の質問に答える。下の [例] を参考にして、思いついたことをどんどん書いてみよう。

❷ 結果をクラスで共有しよう。

● ワークシート **A**　[質問について]

Q1. スピーチ後に質問しにくい理由は何だと思う？	
[例]	・時間をとらせていないか、変に気をつかってしまうから。 ・もしかしたら、もう誰かが質問したかもしれないから。 ・自分の質問に自信がない。自分の言っていることが正しいか不安だから。
①	
②	
③	
④	

Q2. 良い質問とは？　質問する際の良い態度とは？	
[例]	・みんなの興味がわくような質問をする。 ・発表者の目を見て質問する。
①	
②	
③	
④	

Q3. 悪い質問とは？　質問する際の悪い態度とは？	
[例]	・質問ではなく、発表者を攻撃する。 ・ポケットに手を入れたまま質問する。
①	
②	
③	
④	

● ワークシート **B** ［答え方について］

Q1. 質問への良い答え方とは？	
［例］	・質問された内容について答えている。 ・わかりやすく説明ができている。
①	
②	
③	
④	

Q2. 質問への悪い答え方とは？	
［例］	・質問された内容とは異なることを答えている。 ・説明が長すぎる。
①	
②	
③	
④	

Point
- 質疑応答の時間がある場合は、そのときに質問するとよい。もし質疑応答の時間がなかったら、発表後にするか、または挙手して、質問の許可を得るとよい。

「聞くは一時の恥、聞かぬは一生の恥」
自分が発表の内容を理解したか、質問して確認する価値はあるよ！

2. グループでアクティビティ 質疑応答の練習！

❶ グループで、発表する順番を決める。

❷ 好きな食べ物を決める。

 Point ● 他のメンバーと同じ食べ物にならないように、2つ、3つ書いておく。

好きな食べ物：＿＿＿＿＿＿＿＿＿＿＿＿＿＿＿＿＿＿＿＿＿＿＿＿＿＿＿＿＿

❸ 発表者は❷の中から1つ選んで、メンバーに「好きな食べ物」を発表しよう。

❹ 聞き手は順番に発表者の「好きな食べ物」について質問をしていき、発表者はその質問に答えていく。聞き手は、3分間次々と質問をして、話を引き出すようにしよう。

すっごくシンプルなトピックだけに、話を引き出すには質疑応答のワザが問われるね！

3.  質疑応答の実践！

① グループ内でスピーチをする順番を決める。

② 発表者はグループの前に立ち、以前に発表したスピーチを2～3分程度でもう一度する。聞き手は（発表を聞きながら）質問したいことをメモしておこう。
→ p.69［質問メモ ］

Point
- 考えていた質問を他の人が先に聞いてしまうことがあるので、質問したいことは2つか3つ書いておくこと。

③ スマートフォンなどでスピーチと質疑応答を録画する。

④ スピーチ後に、聞き手は❷でメモした質問をしよう。

> （例）「ポートランド夏季短期留学の3つのおすすめポイント」の発表への質問
>
> *短期留学で辛かったことは？
> *留学から学んだことは？
> *お金は、何のアルバイトで、どのくらいで、いくら貯めた？

Point
- 1つの質問でも、答えることがいくつかある場合があるので、発表者は、質問されたことをメモしておくとよい。

❺ ❸で録画した質疑応答の動画をグループで観て、2〜3分間、お互いの良い点や改善点について話そう。

［質問について］
発表者は少し緊張してるから、小さい声で質問されるとさらに焦っちゃう！

［答えについて］
2つ目の質問を聞かれたときに沈黙が長かったから、何か言ったほうがいいと思った。

［答えについて］
最初の質問にはわかりやすく答えていたと思う。

［答えについて］
わからない質問をされたときに、落ちついて「調べてあとで連絡します」と言う対応が良かった！

［質問について］
良い質問が考えられなくて、手を挙げられなかった。

❻ 次の発表者も❷〜❺を同様に行う。

Point
- メモが済んだら、目線を上げて、相手を見ること。

■ 質問メモ　　[⏱ 発表時間：2〜3分]

（　　　　　さんへの質問メモ）

（　　　　　さんへの質問メモ）

（　　　　　さんへの質問メモ）

（　　　　　さんへの質問メモ）

コラム⑨
質疑応答のコツ！

　発表などの最後に行われる質疑応答は、質問をする「聞き手」と質問に答える「発表者」のコミュニケーションの時間です。あなたはそれぞれの立場になったとき、発表者にわかりやすく質問をしていますか？　また、聞き手からの質問にわかりやすく答えていますか？

　質疑応答で発表者と聞き手がうまくコミュニケーションをとるためには、両者とも注意が必要です。ある学生の発表で、説明不足から聞き手が理解できず、質問がたくさん出てしまったことがありました。また、別の学生は、説明を発表時間内に終わらせることができず、質疑応答の時間まで発表を続けた結果、質疑応答の時間が1分しかなくなってしまったことがあります。発表者は構成をしっかり考え、説明不足にならないように気をつけることが大切です。

　発表者が質問に答えられず、黙ってしまうことで質疑応答の時間を無駄にしないように、もし答えられない場合は、「その質問は、調べて、後日メールでご連絡させていただきます。連絡先を教えていただけませんか？」と対応することもポイントです。

　一方、聞き手も注意が必要です。一度に複数の質問をして、他の人が質問する時間がなくなってしまったり、質問する前に自分の所属と名前を言ったあと、さらに感想や自分の経験談などを話し、前置きが長すぎて「いつ質問するのだろう？」と周りに思わせてしまったりするのは、良くない質問のしかたの例です。

　人前で質問するときのコツは、<u>①質問の前置きは簡潔に、②質問は短く、③質問する内容の要点をまとめてから聞く</u>ことです。

　質疑応答の達人になって、質問を恐れずに発表者と聞き手のコミュニケーションの時間を楽しみましょう！

参考：西脇資哲（2015）『プレゼンは目線で決まる』ダイヤモンド社

Chapter 6. 責任を持って自慢しちゃいます！

グローバル教育においてもキャリア教育においても、発信力が求められています。この章では、所属している団体の魅力をPRするための動画（または発表用スライドなど）を作って発表します。準備からプレゼンまで、仲間と協力し、行いましょう。自分はよく知っているものでも、それを知らない人に伝えるのは意外と難しいものです。初めて聞く人にもその魅力が伝わるように、正確な情報を集め、具体的に説明しましょう。また、相手によってアピールのポイントも違ってきます。ターゲット（対象者）を絞り、最大限に魅力を伝える工夫をしてください。

残念スピーチ	めざすスピーチ
何が魅力かわからない	伝えたい魅力がハッキリしている
伝えるターゲット（対象者）が絞れていない	伝えるターゲット（対象者）に合っている
動画やスライドが見づらく、ナレーションが聞きにくい	動画やスライドが見やすく、ナレーションが聞きやすい

目的
- 客観的な情報と個人的な情報を整理して、正確に発信する。
- ターゲットにとってどのような情報が有用か、最後まで聞いてもらうにはどうするか考える。

発見しよう！

- クラスメートのさまざまな視点や考えを知る。
- 仲間と協力して何かを作り出す楽しさと大変さを知る。
- グループ活動での自分の強みと弱みを知る。
- 自分が知らなかった情報を得る。

> 社会に出ると特に、動画やプレゼンテーション資料作成アプリなど、ビジュアル・エイドを使ったプレゼンテーションも必要になってくるよね。

1. 全体でワーク　いろいろな大学の紹介動画を観てみよう！

① まず、自分たちの大学の紹介動画があれば観てみよう。他にもいくつか動画を観て、各自ワークシート **A** に書き込もう。

> 下のサイトは参考例だよ。（※ URL は 2018 年 8 月現在のものです。最新のものを検索してください。）
> ・東洋大学 大学紹介ムービー　http://douga.js88.com/2046200/280
> ・駒沢大学 サークル紹介ムービー　https://vook.vc/w/149
> ・青学TV「青山学院大学の留学の魅力」　https://aogakutv.jp/?p=2011

② ワークシート **A** に書いたものを、クラス全体で共有しよう。

● ワークシート **A**

	① ＿＿＿＿大学	② ＿＿＿＿	③ ＿＿＿＿
誰をターゲットにしたと考えられる？			
アピールポイントは何だった？			
説明はわかりやすかった？			
どんな点が良かった？			
もっと知りたい情報は？			
気づいたこと			

2. グループでワーク アピールポイントを探そう！

❶ グループで、大学（学校／町／サークルなど）のどんなことについてアピールするか考えよう。

❷ 1人ずつ ❶ の特徴・アピールポイントを、できるだけたくさん付箋に書き出そう。
（例）私の大学のアピールポイント

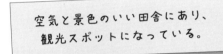

 Point
- 付箋1枚につき、内容は1つだけ。
- 「笑われるかな」「ばからしいかな」などと考えず、とりあえず思いついたものをできる限り書いてみる。

❸ メンバー全員がお互いに書いたことを読む。
（※このとき、「良い」「悪い」「変だ」などの判断はしない。）

❹ 同じ答えや似ているアイディアごとに分類する。

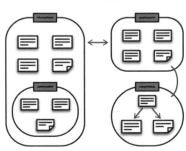

❺ 分類したかたまりにタイトルをつけよう。

Point
- メンバーで、よく議論しながらまとめよう。切り口は1つではない。
- 分類作業のときに新しいアイディアが出てきたら、それを加えるのも可。
- 分類できないアイディアは、そのまま残す。

これは、文化人類学者の川喜田二郎氏が考えた「KJ法」と言われる発想法を使ったワークだよ。将来、プレゼンの流れをまとめたり、論文を書くときなど、頭の中を整理するのに使えるよ。
参考：川喜田二郎（2017）『発想法 改版 —創造性開発のために—』中公新書

3. グループでワーク　動画の内容を決めよう！

❶ 動画を観てもらうターゲットを決める。
（例）大学選びで迷っている高校生／海外で日本語を学んでいる人

❷ 「2. アピールポイントを探そう！」で分類した中で、ターゲットに対して、他の大学（学校／町／サークルなど）にはない強みとしてアピールできそうなものはどれか、2～3分の紹介ビデオを作るのに適した題材はどれか、グループで話し合って1つか2つに絞る。
（例）【ターゲット】日本の大学に留学することを考えている人
　　　【アピールポイント】複言語・複文化のキャンパスライフ
　　　【理由】日本の文化を知ることはもちろん、いろいろな国の留学生と友だちになれる。

Point
- ターゲットには何が魅力に感じられるか考えよう！
- しっかり印象に残すためには、題材を3つ以下に絞ろう！
- メンバー全員がアピールポイントと理由を言うこと！

74

4.  調べよう！

❶ 「3. 動画の内容を決めよう！」で絞った題材のアピールポイントについて自分の思いつく情報「自分情報」を書き出そう。　→［ワークシート **B**］

❷ ❶について、客観的で正確な情報やデータを調べよう。

❸ 出典を明らかにしておく。

❹ アピールポイントについて、それぞれ独自の視点や「おすすめ情報」を加えてみる。

❺ 情報をグループで共有しよう。

客観的で正確な情報を得るための方法

① 学術的論文や雑誌などの出版物から情報を探す。
② 大学や公的機関などが出している刊行物から探す。
③ 実際に自分で実地調査やアンケート調査をする。
④ インターネットから専門家が発信した情報を検索する。

最初は Wikipedia などで調べてもいいけれど、必ずしも専門家が書いている情報だとはかぎらない。特に論文を書くときなどは、「脚注」や「参考文献」を確認し、オリジナルの出典から正しい情報を得るように注意が必要！

● ワークシート **B**　[Sample]

○○大学

	【アピールポイント①】 空気と景色のいい郊外にある	【アピールポイント②】 複言語・複文化のキャンパスライフ
自分情報	・キャンパス内を<u>小川</u>が流れている ・<u>長い</u>イチョウ並木 ・とにかく<u>自然がそのまま</u>で、リラックスできる環境	・留学生が<u>多い</u> ・先生も外国人が多いので、日本にいながらにして、<u>グローバルな環境</u>に身をおくことができる
客観情報	・近くを流れる○○川から引かれている ・<u>400mに渡って続く</u>イチョウ並木 （夏は日陰をつくり、冬は日当たりをつくるということで、落葉樹のイチョウが植えられた） ・自然環境や生物化学を学ぶのに最適	・世界約<u>60か国</u>から留学生を受け入れている ・学生<u>5200人</u>のうち、<u>2610人</u>、つまりほぼ半分が留学生 ・教員も半数が外国人 ・授業は3分の1が英語で行われている
出典	・大学のホームページ ・『○○大学の歴史』	・大学のホームページ ・大学案内
私のおすすめ	・イチョウ並木は紅葉のシーズンの美しさがハンパない！ ここでポットに入れてきたホットコーヒーを飲みながら友だちと語り合う時間が至福の時。 ・正直、ショッピングや遊びに興味がある子には合わないと思う。でも勉強や友人関係などを大切にしたい人にとって、すごくいい環境。	・寮も半分は日本人、半分は留学生なので、いろんな人と出会える。毎晩みんなキッチンで料理をするから、レストランへ行かなくてもいろいろな国の料理が食べられるし、覚えられる。 ・自分とは違う文化で育ってきた人と日本語や英語、他の言葉を使いながらコミュニケーションができる。 ・外国人と付き合っている友だちも多い。

> 「自分情報」と「客観情報」の違いに注目だ！「何となく知っている」ことについて数字や事実を調べて、正確な情報を伝えられるようにしよう！
> イメージがわき、説得力が増すよ。

● ワークシート **B** ［自分のリスト］

2-⑥ 責任を持って自慢しちゃいます！

	【アピールポイント①】	【アピールポイント②】
自分情報		
客観情報		
出典		
私のおすすめ		

5.	グループでワーク	動画を撮る準備をしよう！

1 動画のタイトルを決めよう。

● キーワードを３つ挙げよう。

_____　_____　_____

● メンバーの多くが挙げたワードは何？

_____

● キーワードをもとに、ターゲットの興味を引きそうな表現を考えよう。

◇
　◇ _____

2 動画の構成を決めよう。キーワードを表現するのにふさわしい背景は何だろう？
何秒ぐらい、どこを撮るのがよいだろう？（イラストで表現してもいい。）

（例）場面① 環境の良さ
　　　20秒：小川の流れ＋イチョウ並木
　　　15秒：くつろいでいる学生の様子
　　　場面② 多様性を感じるキャンパス
　　　30秒：寮での食事の様子
　　　45秒：留学生にインタビュー
　　　15秒：1号館をバックにグループのメンバーで集まり、呼びかけ

❸ 各場面に合ったナレーションや演技を考えよう。メンバー全員の書いたものを読んで、聞いている人にいちばん伝わりそうな文章に決めよう。

場面① _____ ←アピールポイント

←ナレーション

場面② _____ ←アピールポイント

←ナレーション

場面③ _____ ←アピールポイント

←ナレーション

❹ 分担を決めて、動画を作ろう。それぞれ得意なものがあれば、それを担当しよう。

（例：カメラ、動画編集、ナレーション、字幕……など）

_____ さん、_____ さん

_____ さん、_____ さん

_____ さん、_____ さん

79

6. グループでワーク　動画を撮ろう！

動画を撮るときの注意点

スマートフォンでもデジカメでも、簡単に動画の録画ができる。ただし、見やすい動画を撮るためには、いくつかの工夫が必要だ。インターネットサイトなどを参考に、見やすい動画作りを工夫しよう！　また、出演者や協力者などに撮影や公開の許可を取ることも忘れずに！

①**カメラを固定する**：
画面を安定させ、手振れをなくすため。

②**カメラを横向きにして撮る**：
人間の目は横方向の情報のほうが認識しやすく、長時間見ていても疲れないため。

③**ズーム機能は使わない**：
ズームを使うと手振れしやすくなり、撮影の難易度が上がってしまうため。

④**普段の1.5倍以上の声量で話す**：
編集で音を大きくすると、ノイズまで大きくなってしまうため。

意識しよう

動画サイトやホームページに作品を載せるということは、社会と関係し、公共性を持つということ。多くの人が見ることを考慮し、責任を持ってアップしなければいけない。倫理面、内容面で問題となることがないか、人を傷つけるものではないか、他人が作ったものを自分のもののように引用していないかなど、きちんと注意することが必要だ。

7. 発表　みんなの作った動画を観よう！

コラム⑩
あなたの学びは社会とつながっている

　皆さんは、高校までの学習と大学生の学びとでは、何が違うと感じますか？　新井・坂倉（2013）は、大学生に求められる学びについて、「それぞれが独自の問いを発見し、自分の力で答えを導きだし、それを表現する」ことだと言っています。つまり、ひたすら暗記したり、問題を解くスキルを伸ばしたりするのではなく、「問いを立て論証するための幅広い基礎知識、理解力、洞察力、思考力、完成といった複合的な力」が必要だということです。

　では、その力を育成するためにはどうしたらよいのでしょうか？　非常に有効なのは、「**グループの学び**」であると述べられています。皆さんはこのグループ活動の中で、メンバーの考えに驚いたり、脱帽したり、ハッとさせられたりしませんでしたか？　逆にグループのメンバーがあなたの意見を聞いて、「なるほど〜！」と感心していたかもしれません。このように、自分の考え方や感じ方を広げたり深めたりするには、**さまざまな人の視点を知る**ことが大切なのです。誰かと共に学ぶことは、互いの学びに寄与することになります。つまり、知らず知らずのうちにあなたは他のメンバーに自分の能力を提供し、グループに貢献しているわけです。

　あなたがこれから大学で学ぶことを、自分だけの閉じた財産にせず、ぜひ大学の友人や、まわりの社会につなげてください。あなたがふと何かを疑問に思い、それを調べ、答えを得、自分の方法で発信する。それがいつか誰かの目を開いたり、社会とつながり、役に立つ日がくるかもしれません。そう考えると、大学での毎日が楽しくなってきませんか？

参考：新井和広・坂倉杏介（2013）『グループ学習入門 ―学びあう場づくりの技法―（アカデミック・スキルズ）』慶應大学出版会

コラム⑪
フリーライダーになるな！

　あなたはこのグループワークで、"フリーライダー"ではありませんでしたか？　フリーライダーとは、読んで字のごとく「ただ乗りする人」、つまり自分は何も手伝わず、ちゃっかりおいしい所だけを持っていく人のことです。新井・坂倉（2013）は、グループ学習とは「**メンバーがそれぞれの知識、能力、労力を持ち寄ることで新たな価値を創造し、それを分かち合う**」ものだと言っています。もしグループに何も提供せず、成果だけもらおうとする人ばかりになったら、そのグループは機能しなくなってしまいますね。すべてを公平に分担することはもちろん不可能ですし、一人ひとり得意・不得意があります。ですから、自分がどのような形でグループに貢献できるのか、逆にメンバーに機会を与えず、自分１人で仕切りすぎてしまっていないかなど、時々見直してみることが大切です。

参考：新井和広・坂倉杏介（2013）『グループ学習入門 —学びあう場づくりの技法—（アカデミック・スキルズ）』慶應大学出版会

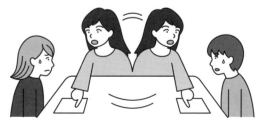

付録 1. ペチャクチャ質問集

ウォーミングアップに使える質問集です。日本人学生と留学生が使えるようにバラエティー豊かな質問が揃っています。クラスメートにどんどん質問して、お互いのことをもっと知りましょう。いろいろな話題を通して情報交換することは、スピーチの準備にもなります！

1. 全体でアクティビティ 二者択一の質問「あなたはどっち？」質問集

① 黒板を正面にして教室の左側を「Aの考えに近い人」、右側を「Bの考えに近い人」と決める。

② 質問を聞いて、「A」か「B」に移動する。

③ 移動後に、その理由をクラスメートと共有する。

2. グループでアクティビティ 「おしゃべり」質問集

① 話す順番を決める。

② 1人2分くらい話す。

> 自分が考えた質問を空欄に書いてみよう！

❶ 「あなたはどっち？」質問集

番号	質問
1	学校で食べるなら、…？ ── Ⓐ「給食／学食」 Ⓑ「お弁当」
2	ペットを飼うなら、…？ ── Ⓐ「犬」 Ⓑ「猫」
3	どっちが好きですか？ ── Ⓐ「歌を歌う」 Ⓑ「歌を聴く」
4	どっちが好きですか？ ── Ⓐ「ディズニーシー」 Ⓑ「ディズニーランド」
5	どっちがいいと思いますか？ ── Ⓐ「共学」 Ⓑ「女子校・男子校」
6	おにぎりの海苔はどっちが好きですか？ ── Ⓐ「パリパリ」 Ⓑ「しっとり」
7	付き合っていた人にもらった物を、…？ ── Ⓐ「捨てる」 Ⓑ「捨てない」
8	食事に好物が出たら、…？ ── Ⓐ「最初に食べる」 Ⓑ「最後に食べる」
9	退職したら、…？ ── Ⓐ「都会に住みたい」 Ⓑ「田舎に住みたい」
10	日本の温泉に入れ墨がある人は、…？ ── Ⓐ「入ってもいい」 Ⓑ「入ってはダメ」
11	朝食は、…？ ── Ⓐ「ご飯派」 Ⓑ「パン派」
12	社会人になったら、…？ ── Ⓐ「一人暮らし」 Ⓑ「実家暮らし」
13	どっちが好きですか？ ── Ⓐ「きのこの山」 Ⓑ「たけのこの里」
14	欲しいのはどっちですか？ ── Ⓐ「おいしい食事」 Ⓑ「きれいな洋服」
15	制服は、…？ ── Ⓐ「必要」 Ⓑ「必要ではない」
16	どっちがいいですか？ ── Ⓐ「オフィスで働く」 Ⓑ「家で働く」
17	生きていくのにどちらが大切ですか？ ── Ⓐ「お金」 Ⓑ「愛」
18	結婚するなら、…？ ── Ⓐ「お金持ちの人」 Ⓑ「顔がいい人」
19	結婚する前に、…？ ── Ⓐ「同棲したい」 Ⓑ「同棲したくない」
20	
21	
22	
23	
24	
25	

❷ 「おしゃべり」質問集

● ちょっと気になる質問

番号	質問
1	目標にしている人は誰ですか？
2	どんなことで激怒しますか？
3	どうしてもやめられないことは何ですか？
4	「これがないと生きられない」というものは何ですか？
5	携帯なしで生きられますか？
6	今ハマっていることは何ですか？
7	カルチャーショックを経験したことはありますか？　どのような体験でしたか？
8	集中力がなくなったとき、再び集中するために何をしていますか？
9	宇宙人／幽霊を信じますか？
10	20代でやっておくべきことは何だと思いますか？
11	「今がいちばん幸せだ」と思うときは、どんなときですか？
12	「自分は大人だ」と感じるときは、どんなときですか？
13	お金以外で欲しいものは何ですか？
14	どんな仕事をしてみたいですか？
15	今まで見た中でいちばんおもしろい夢は何ですか？
16	あなたの宝物は何ですか？
17	お気に入りの時間は何をしているときですか？
18	将来、何語が大切になると思いますか？
19	ジムに行きますか？　なぜジムに行くのですか？／行かないのですか？
20	
21	
22	
23	
24	

● もしも……

番号	質問
1	おとぎ話の登場人物になれるなら、誰になりたいですか？　理由は？
2	虫／色／物／音／乗り物／食べ物になれるなら、何になりたいですか？　理由は？
3	透明人間／妖精／魔法使いになれたら、何をしたいですか？　理由は？
4	無人島／宇宙／月／土星に３つの物を持って行くとしたら、何を持って行きますか？　理由は？
5	１億円の宝くじが当たったら、どう使いますか？　理由は？
6	ホストファミリーになったら、留学生をどこに連れて行きたいですか？　どう過ごしたいですか？　理由は？
7	１日だけ誰かになれるなら、誰になりたいですか？　理由は？
8	宇宙に１人だけ連れて行けるとしたら、誰を連れて行きますか？　理由は？
9	明日、大きな地震が起きるとしたら、今日は何をしますか？　理由は？
10	壊していいと言われたら、何を壊してみたいですか？　理由は？
11	好きなことを一生に１度だけできるとしたら、何をしますか？　理由は？
12	名前を変えられるとしたら、どんな名前にしますか？　理由は？
13	世界を変えられるとしたら、あなたは何をしますか？　理由は？
14	日本人の有名人、誰か１人と１日遊べるとしたら、誰と何をして１日過ごしたいですか？　理由は？
15	10歳の自分に会えるとしたら、自分に何と言いますか？　理由は？
16	時間が巻き戻せるなら、何歳に戻りたいですか？　理由は？
17	タイムスリップできるなら、過去と未来どっちに行きたいですか？　理由は？
18	
19	
20	
21	
22	
23	
24	

● 人生

番号	質問
1	今までの人生で、最高の日はいつですか？
2	今まででいちばん恥ずかしかったことは何ですか？
3	人生を成功させる秘訣は何だと思いますか？
4	人生のターニングポイントはありましたか？　いつでしたか？　どんなことがありましたか？　どう変わりましたか？
5	将来の目標がしっかりとあるといいと思いますか？　それはなぜですか？
6	生きていくのに何がいちばん大切だと思いますか？
7	子どものころの夢は何でしたか？
8	
9	
10	

● 恋愛

番号	質問
1	あなたにとって、完璧な恋人とはどんな人ですか？
2	好きなタイプを教えてください。
3	恋人にしてもらいたいことは何ですか？
4	デートのときに相手にしてもらいたくない服装は何ですか？
5	初デートの食事代は誰が払いますか？
6	恋人からもらってうれしいものは何ですか？／うれしくないものは何ですか？
7	恋人とはどれくらい連絡をとりたいですか？
8	好きな人に言われてショックだった言葉は何ですか？
9	好きな人に言われてうれしかった言葉は何ですか？
10	気になる人と2人だけで、クリスマスのイルミネーションを見に行くのはデートですか？　デートの定義は何ですか？
11	最高のデートとはどんなデートですか？
12	
13	

● 家族

番号	質問
1	子どものころ家族と一緒にしたいちばん楽しかったことは何ですか？
2	家族とよく話す場所は、家のどこですか？
3	両親や家族に隠している秘密はありますか？
4	あなたの家族だけのルールはありますか？　どんなルールですか？
5	子どもは年老いた両親を介護すべきですか？
6	親はいつまで子どもを金銭的にサポートするべきですか？
7	
8	

● 考える時間が欲しい質問

番号	質問
1	死刑はなくしたほうがいいと思いますか？
2	自殺をなくすにはどうしたらいいと思いますか？
3	中絶は犯罪だと思いますか？
4	整形／脱毛について、どう思いますか？
5	言論の自由について、どう思いますか？　ヘイトスピーチも言論の自由だと思いますか？
6	学歴は重要だと思いますか？　理由は？
7	原子力発電について、どう思いますか？　必要だと思いますか？　理由は？
8	テロ／テロ対策について、どう思いますか？
9	平和とは何ですか？
10	友情とは、何ですか？
11	あなたの文化を3分で説明してください。
12	死ぬ前に何をしたいですか？
13	明日が最後の日なら、何をしますか？
14	友だちからもらったプレゼントが気に入らなくても、「うれしい！」と喜ぶべきですか？
15	
16	

● 食べ物

番号	質問
1	大学の食堂を使ったことがありますか？　好きなメニューは何ですか？　嫌いなメニューは何ですか？
2	果物／野菜の中でいちばん好きな物は何ですか？
3	日本料理で今食べたい物は何ですか？
4	どの国の料理が好きですか？
5	あなたの国／地方の有名な／伝統的な料理は何ですか？
6	料理をしますか？　得意料理は何ですか？
7	子どものころ嫌いだった食べ物は何ですか？
8	アレルギーを持っている食べ物はありますか？
9	今までで食べたことのあるいちばん高い食べ物は何ですか？
10	自分で野菜を育てて食べたことはありますか？
11	目玉焼きには何をかけて食べますか？（塩・しょう油・ソース・ケチャップなど）
12	給食に牛乳は要ると思いますか？
13	食事制限やダイエットをしたことはありますか？　「ある」と答えた人は、どんなダイエットをしましたか？
14	もしも1か月間ずっと同じ食べ物を食べ続けなければいけないとしたら、何がいいですか？
15	
16	

● 食べ物（留学生に聞きたいこと）

番号	質問
1	初めて食べた日本料理は何ですか？
2	日本料理で好きな／嫌いな食べ物は何ですか？
3	夕飯はたいていどこで食べますか？
4	日本では給食という制度がありますが、あなたの国の学校にもありますか？
5	
6	

● テレビ

番号	質問
1	テレビはおもしろいですか、つまらないですか？
2	好きな／嫌いなテレビ番組はありますか？
3	ドラマは好きですか？
4	世界中でどの国のドラマが好きですか？
5	アニメのキャラクターになれるなら、誰／何になりたいですか？　そして何をしたいですか？
6	アニメは芸術だと思いますか？
7	
8	
9	
10	
11	
12	

● テレビ（留学生に聞きたいこと）

番号	質問
1	日本のテレビはおもしろいですか、つまらないですか？
2	日本のドラマは好きですか？
3	日本でどんなテレビ番組を知っていますか？
4	日本のアニメはあなたの国でも観られますか？　どんなアニメを知っていますか？
5	あなたの国ではどんなテレビ番組がありますか？　どんなテレビ番組が人気ですか？
6	あなたの国ではどんなドラマが人気ですか？
7	テレビを観ることは日本語の勉強に役立ちますか？
8	
9	
10	
11	
12	

● 映画

番号	質問
1	1日に最多で何本の映画を観たことがありますか？
2	最初に観た（日本の／外国の）映画は何ですか？
3	いちばん好きな俳優は誰ですか？
4	いちばん好きな映画は何ですか？
5	今いちばん観たい映画は何ですか？
6	子どものときに好きだった映画は何ですか？
7	どんな種類の映画が好きですか？
8	映画館によく行きますか？　どこで映画を観ることが多いですか？
9	映画をよく見ますか？　1か月にだいたい何本の映画を観ますか？
10	1人で映画館に行ったことはありますか？
11	映画館に行ったら、何か食べますか／飲みますか？
12	映画館に行って、どんな客がいたら嫌ですか？
13	映画館で声を出して笑うことをどう思いますか？
14	ジブリの作品とディズニーの作品、どちらが好きですか？
15	
16	
17	

● 映画（留学生に聞きたいこと）

番号	質問
1	いちばん好きな／おもしろかった日本の映画は何ですか？
2	あなたの国では映画を観るのにいくら払いますか？
3	あなたの国の映画館で、してはいけないことは何ですか？
4	日本の映画館とあなたの国の映画館で違うところはありますか？
5	日本の映画とあなたの国の映画で違うところはありますか？
6	
7	
8	

● 音楽

番号	質問
1	好きなアーティストはいますか？
2	好きな音楽のジャンルは何ですか？
3	初めて買ったCD／曲は何ですか？
4	カラオケは好きですか？　いちばん得意な歌は何ですか？
5	コンサートに行くことはありますか？
6	いつもどんなときに音楽を聴いていますか？
7	気分が落ち込んだとき／悲しいときには、どんな曲を聴きますか？
8	通学中／通勤中に音楽を聴きますか？　何を聴きますか？
9	勉強中／仕事中に音楽をかけますか？　何をかけますか？
10	結婚式／ドライブで音楽をかけるとしたら、何をかけますか？
11	音楽を聴いて、思わず泣いてしまったことはありますか？
12	演奏できる楽器はありますか？
13	これから演奏できるようになりたい楽器はありますか？
14	音楽の授業はどんな授業でしたか？
15	
16	
17	

● 音楽（留学生に聞きたいこと）

番号	質問
1	あなたの国独自の楽器はありますか？
2	日本の曲で好きな曲はありますか？
3	今、あなたの国で人気のアーティストは誰ですか？
4	あなたの国の国歌は好きですか？
5	
6	
7	
8	

● ファッション

番号	質問
1	中学生や高校生のとき、制服はありましたか？
2	どんなファッションが好きですか？
3	あなたのファッションのこだわりは何ですか？
4	どんな雑誌を読みますか？
5	今いちばん欲しいファッションアイテムは何ですか？
6	洋服やアクセサリーはどこで買いますか？
7	1か月にどれくらいファッションにお金をかけますか？
8	出かけるときの服を決めるのにどれくらい時間がかかりますか？
9	デートをするならどんな服を着て行きますか？
10	異性のファッションで「これは許せない！」というファッションはありますか？
11	
12	
13	
14	
15	

● ファッション（留学生に聞きたいこと）

番号	質問
1	日本の着物や浴衣を着たことはありますか？
2	あなたの国の大学生はどのようなファッションをしていますか？
3	日本の若者のメイクをどう思いますか？
4	日本人の若者の髪型をどう思いますか？
5	あなたの国のお店の店員さんはどんな感じですか？
6	日本のお店の店員さんをどう思いますか？
7	
8	
9	
10	

● 日本について

番号	質問
1	日本にずっと住みたいですか？
2	日本で働きたいですか？　海外で働きたいですか？
3	日本のどんなことにイラッとしますか？
4	日本の嫌いなところは何ですか？
5	日本の好きなところは何ですか？
6	日本のおすすめの場所・食べ物・こと・ものは何ですか？
7	どんなときに、「日本だなあ」と感じますか？
8	
9	
10	
11	

● 日本について（留学生に聞きたいこと）

番号	質問
1	日本に来て驚いたことは何ですか？
2	日本に来て困ったことは何ですか？
3	日本の最初の印象はどうでしたか？
4	日本は豊かな国だと思いますか？
5	日本のどんな考え方・精神を学びましたか？
6	あなたの国で有名な日本人は誰ですか？
7	日本人の働き方について、どう思いますか？
8	日本の大学生について、どう思いますか？
9	どんなときに、「日本にいるんだなあ」「日本らしいなあ」と感じますか？
10	
11	
12	
13	
14	

● 四季

番号	質問
1	春夏秋冬のうち、どの季節が好きですか？　なぜですか？
2	春夏秋冬のうち、どの季節が嫌いですか？　なぜですか？
3	春／夏／秋／冬になったらしたいことは何ですか？
4	春／夏／秋／冬といえば、何を思い浮かべますか？
5	あなたの春／夏／秋／冬のおススメの食べ物は何ですか？
6	四季があるのとないの、どちらがいいと思いますか？
7	
8	
9	
10	
11	
12	

● 四季（留学生に聞きたいこと）

番号	質問
1	日本の学校では春休み・夏休み・冬休みがありますが、あなたの国にはどんな休みがありますか？
2	あなたの国では、（春／夏／秋／冬に）どんな行事や習慣がありますか？
3	日本とあなたの国とでは、どちらの気候が過ごしやすいですか？
4	日本の春／夏／秋／冬に関する行事や習慣について知っていることはありますか？
5	雪／桜を見たことはありますか？
6	
7	
8	
9	
10	
11	
12	

● イベント

番号	質問
1	誕生日はどうやってお祝いしますか？
2	どんなホームパーティーをしたことがありますか？
3	嫌いなイベント／行事はありますか？
4	世界で行ってみたいイベントや祭りはありますか？
5	イベントや祭りは参加するほうが好きですか、見ているほうが好きですか？
6	家族で過ごすイベント／行事にはどんなものがありますか？
7	どんな結婚式をしたいですか？
8	
9	
10	
11	

●イベント（留学生に聞きたいこと）

番号	質問
1	日本の好きな／嫌なイベント／行事はありますか？
2	変だと思う日本のイベント／行事はありますか？
3	日本のお祭りに行ってみたいですか？　どのお祭りに行ってみたいですか？
4	日本の祝日と似ている祝日はありますか？
5	日本のどんな祝日を知っていますか？　その祝日にはどんな意味があるか知っていますか？
6	あなたの国にはどんな祝日がありますか？　その祝日には何をしますか？　その祝日にはどんな意味がありますか？
7	あなたの国ではどんな行事がありますか？　その行事では何をしますか？　その行事の起源は何ですか？
8	
9	
10	
11	

● 休暇

番号	質問
1	春休み／夏休み／冬休みにはどこに行きたいですか？
2	あなたが春休み／夏休み／冬休みにいつもすることは何ですか？
3	去年の春休み／夏休み／冬休みは何をしましたか？
4	いちばん楽しかった春休み／夏休み／冬休みの思い出は何ですか？
5	いちばん嫌だった春休み／夏休み／冬休みの思い出は何ですか？
6	春休み／夏休み／冬休みといえば、何を思い出しますか？
7	夏休みにどんな自由研究をしましたか？
8	春休み／夏休み／冬休みにはいくらお金を使いますか？
9	春休み／夏休み／冬休みは誰と一緒にいたいですか？
10	春休み／夏休み／冬休みは何日あったらいいと思いますか？
11	春休み／夏休み／冬休みが5日間もらえたら、何をしますか？
12	2週間休暇があったら、どこで、何をしたいですか？
13	あなたがお金持ちだったら、休みにはどこに行きたいですか？　何をしたいですか？
14	
15	
16	
17	
18	

● 休暇（留学生に聞きたいこと）

番号	質問
1	あなたの国の小学生／中高生／大学生／社会人は何日間夏休み／冬休みがありますか？　どのように過ごしますか？
2	あなたの国では夏休み／冬休みの他に長い休みはありますか？
3	あなたの国で夏休み／冬休みに人気の観光地はどこですか？
4	
5	
6	

● 旅行

番号	質問
1	今まで、何回海外旅行をしたことがありますか？　どこの国に旅行しましたか？
2	今まで行った旅行でいちばん良かった／嫌だった所はどこですか？
3	誰と旅行するのが好きですか？
4	旅行に行くとき、必ず持って行く物は何ですか？
5	旅行をするとき、注意していることは何ですか？
6	旅行をするとき、どんなことが楽しみ／怖いですか？
7	旅行をするとき、誰に、どんなお土産を買いますか？
8	海外旅行をするとき、言葉はどうしますか？
9	旅行は、海外がいいですか、国内がいいですか？
10	旅行をするなら、どんな気候の所がいいですか？
11	旅行は、何で行きたいですか？（飛行機、電車、船…）
12	旅行では、どんなことがしたいですか？
13	10年後、どんな旅行がしたいですか？
14	海外に留学できるなら、どこに行って、何をしたいですか？
15	
16	
17	
18	
19	
20	
21	
22	
23	
24	
25	

● 学校

番号	質問
1	好きな教科は何でしたか？
2	運動会／体育祭はありましたか？　どんな競技がありましたか？
3	クラブ活動はありましたか？　放課後は何をしていましたか？
4	学校は給食でしたか？　お弁当でしたか？　好きなメニューは何でしたか？
5	掃除の時間はありましたか？
6	小学校／中学校／高校のクラスは何人でしたか？
7	小学校／中学校／高校／大学に校則はありましたか？　どんな校則ですか？
8	小学校／中学校／高校の長い休みは、いつ、どれくらいありましたか？
9	小学校／中学校／高校の卒業式は特別な服装をしますか？　特別なことをしますか？
10	小学校／中学校／高校のときのいちばんの思い出は何ですか？
11	学校生活の中でいちばんの思い出は何ですか？
12	通学中は何をしていますか？
13	いつも大学のキャンパスのどこにいますか？
14	大学は、都会にあるのと田舎にあるのではどちらがいいと思いますか？
15	大学生はすべての授業に出席すべきですか？
16	大学生にとって大切なことは何ですか？
17	大学は行くべきだと思いますか？
18	大学が全入学になったら、どうなると思いますか？
19	大学に入る前に1年間自由な時間があったら、何をしますか？
20	学生はアルバイトをするべきだと思いますか？
21	学生はボランティア活動をすべきですか？
22	外国語は小学校から教えるべきですか？　教えるなら何年生ぐらいからがいいと思いますか？
23	小学生や中学生が学校にスマートフォンを持ってくることについてどう思いますか？
24	
25	

● 学校（留学生に聞きたいこと）

番号	質問
1	あなたの国の小学校／中学校／高校／大学はそれぞれ何年生までありますか？
2	あなたの国の小学校／中学校／高校／大学にはどんな服装で通っていましたか？
3	あなたの国で小学校／中学校／高校／大学にはどうやって通っていましたか？
4	あなたの国の大学と日本の大学で違うことは何ですが？（成績、宿題など）
5	あなたの国には入学式や卒業式はありますか？　どんなことをしますか？
6	あなたの国の学校にはどんな行事がありますか？　あなたはその行事で何かしましたか？
7	留学生活で楽しいことは何ですか？
8	
9	
10	

付録 2. スピーチクラス「発表者・聞き手あるある」

スピーチやプレゼンテーションをするときは、緊張をほぐそうとするため、さまざまな動きや癖が出てしまうものです。でも、それを指摘されるのはとても恥ずかしくて嫌なことですね。また、発表を聞くときにも癖が出ますが、あまり指摘されることはありません。そこで、ちょっとユーモアのある呼び方をしながら、自分の「発表するときの癖」と「聞くときの癖」に気づき、直してみましょう。

「発表者あるある」

1. 個人でワーク　発表のときの癖を発見しよう！　 チェックシート A

❶ 発表録画を見て、自分がしている癖はどれか、チェックシート **A** で確認する。

❷ チェックシート **A** にない癖があったら、空欄に新しい癖を書こう。

2. グループでワーク　発表者の癖について話そう！

グループでチェックシート **A** を見ながら、今までにどんな発表者がいたか、発表者の癖について話そう。

発表してるときに、体が左右にずっと揺れている「メトロノーム」さんがいて、気になっちゃった。

わかる！　私も、「命の前髪」の発表者がいて、スピーチの内容に集中できなかった。

うれしかった内容の発表をしたときに、「ミスマッチ」の人がいたんだけど、話があんまり伝わってこなかったなー。

 Point

- 緊張すると癖が出るのはよくあること。自分の癖に気づくと早く直せるよ！
- 話題によって癖の出かたが違うよ。得意な話題は緊張しないから癖があまり出ないけど、苦手な話題だと癖が多く出ることがあるよ。

102

● チェックシート **A**　[発表者あるある]

① 目線・顔

② 声

❸ 身体

□ くの字君	□ 猫ちゃん	□ 反り腰さま
まっすぐに立ってない、首、上半身、下半身が左右どちらかに傾いている	猫背、姿勢が悪い	腰が反っている姿勢
□ メトロノーム	□	□
足・腰・肩が前後/左右に揺れる		

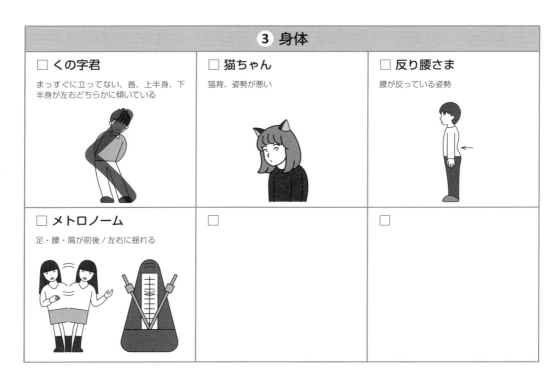

❹ 足

□ 生まれたての子牛	□ 足首柔らかいね	□ マイケル・ジャクソン
ヒールをぐらぐらさせる	土踏まずを上げ、足の外側だけで立つ	かかと・足の指を上げる、または交互に上げる
□ サンバ	□ 膝ガク	□ 内股
後ろに下がったり、前に行ったりと、ずっと動いている	膝をときどきガクっと曲げる	内股に立つ
□	□	□

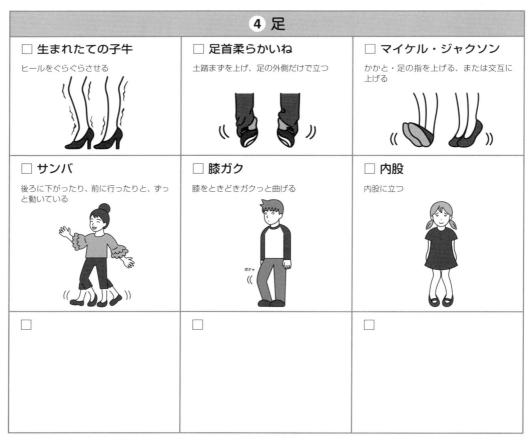

104

❺ 手

- ☐ 気をつけ！ — 手を使わず、気をつけのままで話す
- ☐ 落ち着くよ — 話しながら服の裾・袖・ポケットなどをずっと触っている
- ☐ 指揮者 — ずっと手を振っている、話している内容と関係なく手が動く
- ☐ かいいのぉ〜 — 体をかきながら話す
- ☐ 美容師 — 髪の毛を触りながら話す
- ☐ 命の前髪 — 前髪をずっと触りながら話す
- ☐ カンニング — 手にスピーチを書いている
- ☐

❻ 時間

- ☐ 暴走車 — 時間が過ぎても、話が止まらない。気にしないで話し続ける
- ☐ カラスの行水 — あっという間にスピーチが終わってしまう、短いスピーチ
- ☐
- ☐
- ☐
- ☐

❼ マイク

□ カラオケ持ち	□ コードくねくね	□ アイドル
カラオケのときのようなマイクの持ち方	マイクのコードを指に絡めたり、触ったりする	両手でマイクを持つ

□ Near	□ Far	□ いただきます
マイクを口やアゴにつけたり、マイクを近づけすぎる	マイクの位置が遠すぎる	マイクの底に手を添える

□	□	□

❽ ビジュアル・エイド

□ しっかり見せて	□ ご一緒に	□ スポットライト
レーザーポインターを持つ手が震えて定まらなかったり、紙を持っている手がおろそかになったりする	スクリーンを見るために、聞き手に背中を見せて立つ	スクリーンの前に立って発表を続けるので、ビジュアル・エイドが見えない

□	□	□

❾ 話し方

□ 記憶力テスト	□ ぶっつけ本番さん	□ 自分しか見えない	□ ツボにはまったちゃん
スピーチを思い出そうとするあまり、聞き手を忘れて、自分だけに集中している	練習しないで、または、練習不足で発表するため、スピーチが未完成	聞き手を無視して、自分がスピーチを終わらせることだけを考えながら発表する	緊張や、思い出し笑いなどで笑いが止まらず、スピーチができない

□ 完ぺき	□ 「〜ですけど、」星人	□	□
間違わずに話せたら良い発表だと思っている	1文が長く「。」がない		

留学生と日本人の学生が一緒に学ぶクラスでは、文化の違いに要注意！
「日本人が発表するとき、この癖が気になる！」という留学生の声を集めてみたよ。
あなたのクラスではどうかな？

❿ 留学生が気になる日本人の癖

□ 鼻をかめよさん	□ FY	□ OK サイン
「鼻をすする音はゲップよりも失礼！」という国から来た留学生が気になる癖	「中指で指しながら話すのは失礼！」という国から来た留学生が気になる癖	日本では「OK」の意味でも、留学生にとっては違う意味があるよ！

□ ストップ	□ 逆ピース	□ イイネ
タクシーを止めるようなジェスチャーも違う意味があるよ！	ピースが反対向きになると、まったく違う意味があるよ！	日本では「イイネ！」の意味でも、留学生にとっては違う意味があるよ！
□ メモがん見	□ 歯シーおじさん	□ 寝てねぇーぜ
原稿を読んで、聞き手とアイコンタクトを取らない	考える時に歯の隙間から息を吸い「シー」という音を立てる	腕を組み、目をつぶり……聞いているのかわからない。留学生が気になる聞き方

「聞き手あるある」

良い聞き手がいると発表がうまくできますが、良くない聞き手の前では話しにくいものです。良い発表者は、良い聞き手でもあると言われています。クラスメートの発表をどんな態度で聞いているか確認してみよう。

① 自分がやっている癖はどれか、チェックシート **B** を確認する。

② チェックシート **B** にない癖があったら、空欄に新しい癖を書こう。

ペアまたはグループでチェックシート **B** を見ながら、今まで自分が発表したときにどんな聞き手がいたか、聞き手の癖について話そう。

> うれしかった内容の発表をしたときに「ポーカーフェイス」が多くて、伝わってないかと不安になったことがあるなー。

> 発表してるときに、「おしゃべりさん」がいたとき、テンション下がって、発表を早めに終わらせちゃった。

> わかる！ 僕も「ポーカーフェイス」の聞き手が多いと話したくなくなる。

● チェックシート **B** ［聞き手あるある］

悪い聞き手		
□ 眠り姫 寝ている	□ 鏡よ鏡 発表が近くなると、自分の髪と顔をチェックしていて、聞いていない	□ 現代っ子 携帯のラインやメールをチェックする
□ ポーカーフェイス 無表情、怖い表情で真剣に聞いている	□ 自主練 自分のスピーチの練習をずっとしていて、聞いていない	□ 間に合わないよ 発表を聞かずに、宿題をしている
□ シャイ 下を見て、話し手と目を合わせない	□ ムッシー 発表者が挨拶や質問をしても、反応しない	□ みんな 100 点 きちんと評価せず、コメントシートは「とても良い」をチェックするだけ
□ おしゃべりさん 隣の人としゃべっている	□	□

> **Point** あなたは良い聞き手ですか？ 以下の質問に答えてみましょう！
>
> ● 発表者の話を聞いてうなずくなど反応していますか？
> ● 発表者の話を表情豊かに聞いて、反応していますか？
> ● 発表者のはじめの挨拶や、スピーチ中に聞かれた質問に答えていますか？
> ● 発表者の目線を優しく受け止めていますか？
> ● 発表者が緊張しないように、リラックスした気持ちで聞いていますか？
> ● 発表者の話を受け入れる、オープンマインドの気持ちで聞いていますか？

［著者紹介］

渋谷実希 （しぶや・みき）

一橋大学大学院経営管理研究科 非常勤講師、東京大学教養学部 非常勤講師、武蔵野大学グローバル学部非常勤講師ほか
一橋大学大学院言語社会研究科修士課程修了
専門はコミュニケーション教育、日本語教育の教室活動。

勝又恵理子 （かつまた・えりこ）

青山学院大学国際政治経済学部 准教授
クレアモント大学院大学＆サンディエゴ州立大学教育学科博士課程修了（博士）
専門は異文化コミュニケーション、多文化教育、プレゼンテーション。

古谷知子 （ふるや・ともこ）

桜美林大学リベラルアーツ学群 非常勤講師、淑徳大学国際コミュニケーション学部 非常勤講師
サンフランシスコ州立大学大学院スピーチ・コミュニケーション学部修士課程修了
専門はスピーチコミュニケーション。

前川志津 （まえかわ・しづ）

青山学院大学国際政治経済学部 非常勤講師、桜美林大学リベラルアーツ学群 非常勤講師、玉川大学文学部非常勤講師ほか
立教大学大学院社会学研究科博士課程修了（博士）
専門はコンフリクト・リゾルーション、ナラティヴ研究。

森幸穂 （もり・さちほ）

青山学院大学理工学部 准教授
インディアナ大学大学院教育学部言語教育学専攻博士課程修了（博士）
専門は日本語教育、英語教育、理工系学生のための言語教育。

無料ダウンロードできる教師用資料
『活動のヒント集』

授業の進め方の例や留意点をまとめたヒント集を配信しています。アイスブレイクのためのアクティビティの例もあります。下記よりダウンロードしてお使いください。

http://www.bonjinsha.com/wp/speech

（凡人社ウェブサイト内、「凡人社の本」のページからアクセスできます）

プレゼンテーションの基本

協働学習で学ぶスピーチ
― 型にはまるな、異なれ！―

2018年10月23日　初版第1刷発行

著　者　渋谷実希，勝又恵理子，古谷知子，前川志津，森幸穂
発　行　株式会社 凡人社
　　　　〒102-0093　東京都千代田区平河町1-3-13
　　　　電話 03-3263-3959
イラスト　松永みなみ
カバーデザイン　コミュニケーションアーツ株式会社
印刷・製本　モリモト印刷株式会社

定価はカバーに表示してあります。乱丁本・落丁本はお取り換えいたします。
＊本書の一部あるいは全部について、著作者から文書による承諾を得ずに、いかなる方法においても無断で、転載・複写・複製することは法律で固く禁じられています。

ISBN 978-4-89358-950-7
©Miki SHIBUYA, Eriko KATSUMATA, Tomoko FURUYA, Shizu MAEKAWA, Sachiho MORI
2018　Printed in Japan